Hankofer
Der praktische Teil
der Ausbildereignungsprüfung

www.kiehl.de

Der praktische Teil der Ausbildereignungsprüfung

15 kommentierte Original-Unterweisungsentwürfe aus Prüfungen

Von
Sina Dorothea Hankofer

kiehl

Bildnachweis Umschlag: © Syda Productions – Fotolia.com

ISBN 978-3-470-**65711**-0

Kiehl ist eine Marke des NWB Verlags

Satz: SATZ-ART Prepress & Publishing GmbH, Bochum
Druck: Griebsch & Rochol Druck GmbH & Co. KG, Hamm

Vorwort

Sie überlegen, die Ausbildereignungsprüfung zu absolvieren und wissen nicht genau, was im praktischen Prüfungsteil auf Sie zu kommt? Sie benötigen praktische Beispiele, um sich ein Bild davon zu machen, wie eine schriftliche Unterweisungsprobe aussieht? Sie möchten wissen, wie andere heutige Ausbilder dieses „Problem" für sich gelöst haben? Sie sind vor mündlichen Prüfungen immer wahnsinnig nervös, weil Sie sich im Ablauf unsicher sind?

Gemäß § 4 Abs. 3 der Ausbildereignungsverordnung (AEVO) besteht der praktische Teil der Prüfung aus der Präsentation einer Ausbildungssituation und einem Fachgespräch mit einer Dauer von insgesamt höchstens 30 Minuten. Hierfür wählt der Prüfungsteilnehmer eine berufstypische Ausbildungssituation aus. Die Präsentation soll 15 Minuten nicht überschreiten. Die Auswahl und Gestaltung der Ausbildungssituation sind im Fachgespräch zu erläutern.

Anstelle der Präsentation kann eine Ausbildungssituation auch praktisch durchgeführt werden. Die Ausbildereignungsverordnung besagt, dass Sie in Ihrer Prüfungssituation eine berufstypische Ausbildungssituation auswählen und gestalten sollen. Die „Durchführung einer Ausbildungssituation" ist daher gem. AEVO vom 21.01.2009 die aktuell korrekte Bezeichnung. Die Ausbildungssituation ist eine Situation mit ausbildendem Charakter, die dabei im betrieblichen Kontext steht. Diese Formulierung dient dazu, sich von der klassischen Ausbildungseinheit lösen zu können und typische, betriebliche (Ausbildungs-)Situationen aufgreifen zu können.

Dieses Buch beschäftigt sich ausschließlich mit der Erstellung der schriftlichen Ausarbeitung der Unterweisung und der Durchführung der praktischen Prüfung. Es enthält 15 ausgearbeitete Unterweisungen verschiedener Berufsbilder und beinhaltet die notwendigen Informationen, damit auch Sie Ihre Unterweisung problemlos erstellen können. Sie können die verschiedenen Unterweisungen lesen und sich selbst so bereits ein Urteil bilden.

Hinweise und Verbesserungsvorschläge finden Sie ebenfalls im Anschluss an die jeweilige Unterweisung. Anhand der Checkliste zur vorzulegenden Unterweisungsprobe können Sie erkennen, ob alle relevanten Punkte in Ihrer Ausarbeitung enthalten sind.

In den Kapiteln zur praktischen Prüfung wird Ihnen außerdem der Ablauf einer praktischen Ausbildereignungsprüfung gemäß AEVO (Ausbildereignungsverordnung) erklärt, sodass Sie im Vorfeld bereits Abläufe durchgehen und trainieren können.

Das Kapitel „Mögliche Themen im Prüfungsgespräch" bietet optimale Vorbereitung auf das Prüfungsgespräch im Anschluss an die Durchführung Ihrer Ausbildungssituation.

Dieses Buch richtet sich gleichermaßen an weibliche und männliche Leser, zur Vereinfachung und frei jeder Wertung wird jedoch die maskuline Form der Leseransprache verwendet. Sämtliche Namen und Adressen sind geändert worden, um persönliche und betriebliche Interessen zu wahren.

INFO

Innerhalb dieses Buches und der dargestellten Ausbildungssituationen werden verschiedene Begriffe verwendet. Dies liegt daran, dass in der Praxis die Begriffe „Unterweisung“ und „Ausbildungseinheit“ (sowie weitere Begriffe) noch sehr verbreitet sind und es sich um echte Prüfungsunterlagen handelt, die von den damaligen Prüflingen entsprechend bezeichnet wurden.

Viel Erfolg bei Ihrer praktischen Prüfung und eine spannende Zeit als erfolgreiche/r Ausbilder/in wünscht Ihnen

Sina Dorothea Hankofer
Meppen, im Juni 2015

Benutzungshinweise

Diese Symbole erleichtern Ihnen die Arbeit mit diesem Buch:

TIPP

Hier finden Sie nützliche Hinweise zum Thema.

MERKE

Das X macht auf wichtige Merksätze oder Definitionen aufmerksam.

ACHTUNG

Das Ausrufezeichen steht für Beachtenswertes, wie z. B. Fehler, die immer wieder vorkommen, typische Stolpersteine oder wichtige Ausnahmen.

INFO

Hier erhalten Sie nützliche Zusatz- und Hintergrundinformationen zum Thema.

RECHTSGRUNDLAGEN

Das Paragrafenzeichen verweist auf rechtliche Grundlagen, wie z. B. Gesetzestexte.

MEDIEN

Das Maus-Symbol weist Sie auf andere Medien hin. Sie finden hier Hinweise z. B. auf Download-Möglichkeiten von Zusatzmaterialien, auf Audio-Medien oder auf die Website von Kiehl.

INHALTSVERZEICHNIS

1. Planung der Ausbildungssituation und Themenwahl

Überlegen Sie für die anstehende Prüfungssituation zunächst, welche Themen Sie selbst besonders gut beherrschen. Es ist sinnvoll, ein Thema zu vermitteln, in welchem Sie sich selbst besonders sicher fühlen. Dies kann die Nervosität im Vorfeld bereits erheblich reduzieren. Nehmen Sie in einem zweiten Schritt die Ausbildungsverordnung und den Ausbildungsrahmenplan für Ihren Ausbildungsberuf zur Hand und überprüfen Sie, wo Überschneidungen sind.

Beispiel

Sie wollen in Zukunft Kaufleute für Büromanagement ausbilden und Ihnen liegt besonders die Rechnungserstellung? Prima – sehen Sie nach, wo dieser Punkt in den entsprechenden Schriftstücken zu finden ist und wie Sie die Vermittlung dessen in Ihrer Ausbildungseinheit strukturieren können.

Wichtig ist, dass Sie sich in der Prüfungssituation mit Ihrem gewählten Thema gut auskennen, sich darin sicher fühlen, es Bestandteil des zu vermittelnden Berufsbildes ist und Sie es gut vermitteln können. Ihre Ausbildungseinheit sollte thematisch außerdem dem Zeitrahmen angemessen sein und ca. 15 - 20 Minuten umfassen.

Das gewählte Thema selbst sollte weder zu kompliziert noch zu simpel sein. Oft ist es jedoch so, dass Aufgaben, die Sie aufgrund von Erfahrung und Routine während Ihrer Arbeit in wenigen Minuten erledigen, für Auszubildende einen erhöhten Zeitaufwand bedeuten. Brauchen Sie für eine Aufgabe also nur wenig Zeit, muss der Auszubildende ggf. erst noch einmal resümieren, welcher Schritt als nächstes kommt, ob die Durchführung so nun auch wirklich richtig ist, etc.

Im Klartext: Aufgaben, die Ihnen für die Prüfungssituation „zu leicht" erscheinen, können durchaus geeignet sein. Ein Prüfungsausschuss wird außerdem darauf achten, in welchem Lehrjahr sich Ihr Auszubildender befindet und ob das gewählte Thema im Verhältnis angemessen ist.

Andersherum ist es jedoch auch so, dass Sie Ihre Auszubildenden weder in der späteren Praxis noch in der Prüfungssituation mit einem tatsächlich zu einfachen Thema unterfordern sollten. Überlegen Sie sich daher zusätzlich, was thematisch für einen Auszubildenden und den Prüfungsausschuss interessant sein könnte. Seien Sie – mit Orientierung an Ausbildungsrahmenplan und Ausbildungsverordnung – kreativ und zeigen Sie sich von Ihrer besten Seite. Dass im betrieblichen Alltag nicht jede Aufgabe vor Spannung knistert, ist auch dem Prüfungsausschuss bewusst – deswegen sollte sie jedoch nicht bewusst zu trocken gehalten werden. Stellen Sie sich vor, was Sie inhaltlich wirklich interessiert und lassen Sie dies in Ihre Themenwahl mit einfließen. Wenn Sie für ein Thema brennen, können Sie auch andere besser dafür begeistern, als wenn Sie sich selbst mit dem Thema schwertun. Nutzen Sie diese Tatsache für Ihre Prüfung.

Sprechen Sie sich, wenn möglich, daher auch mit anderen Prüflingen ab, um doppelte Themen möglichst zu vermeiden. Wenn in Ihrem Kurs z. B. 15 Bankkaufleute sind, wird es den Prüfungsausschuss langweilen, 15-mal vorgeführt zu bekommen, wie man einen Überweisungsträger ausfüllt.

ACHTUNG

Achten Sie darauf, dass das Thema Sie selbst nicht überfordert und Sie sich in der Thematik sicher bewegen. Gleichzeitig sollte das Thema den Auszubildenden nicht unterfordern, sondern dem erwarteten Leistungsstand (z. B. 1. Ausbildungsjahr, 2. Halbjahr, Notendurchschnitt in der Berufsschule 3) angemessen sein.

Beachten Sie den Zeitrahmen der Prüfung von etwa 15 - 20 Minuten.

2. Unterweisungsmethoden

2.1 Entwickelnde Unterweisungsmethoden

Entwickelnde Unterweisungsmethoden dienen dazu, den Auszubildenden die Möglichkeit zu geben, sich Inhalte oder zumindest Ideen selbstständig zu erarbeiten. Bei den entwickelnden Unterweisungsmethoden wird z. B. nur ein Thema oder nur das Ziel vorgegeben, je nach Ausbildungseinheit können zusätzliche Rahmenbedingungen festgelegt werden. Die Auszubildenden erarbeiten sich die Inhalte dann eigenständig und kommen nur im Bedarfsfall auf den Ausbilder zurück, z. B. zur Auswertung der Ergebnisse am Schluss oder bei Fragen. Der Ausbilder sorgt für die Einhaltung der festgelegten Regeln/Abläufe und steht als Ansprechpartner bereit.

Methode	Aufgaben des Ausbilders	Aufgaben des Auszubildenden	Vorteile	Nachteile
Lehrgespräch In einem Lehrgespräch gibt der Ausbilder Ziel und Inhalt eines Gespräches vor. Der Auszubildende soll den Gedankengängen aufmerksam folgen und diese nachvollziehen. Durch eine geschickte Fragetechnik bringt der Ausbilder den Auszubildenden dazu, Antworten eigenständig zu erarbeiten.	► nur dann das Lehrgespräch einsetzen, wenn Vorkenntnisse beim Auszubildenden vorhanden sind ► Fachkompetenz einsetzen ► Methodenkompetenz einsetzen ► genaue Überprüfung im Vorfeld, ob sich das Lehrgespräch für das vorgesehene Thema eignet	► Erkenntnis darüber, was er aus dem Lehrgespräch lernen soll ► Erkenntnis darüber, ob das Lehrgespräch der Auswertung von Erlerntem und angewendetem Wissen dienen soll ► wissen, ob das Lehrgespräch den Einstieg in ein neues Thema erleichtert ► wissen, ob das Lehrgespräch weitere Arbeitsschritte und -abläufe planbar macht	► motiviert ► gibt Rückmeldung ► ermöglicht es dem Auszubildenden, zu üben ► ermöglicht dem Ausbilder die Steuerung der (Lern-)Inhalte ► der Auszubildende nimmt aktiv teil ► Denkanstöße zum Selbstlernen	► passive Auszubildende müssen direkt angesprochen werden ► die Fragetechnik muss beherrscht werden ► Vielredner sollten gebremst werden

Methode	Aufgaben des Ausbilders	Aufgaben des Auszubildenden	Vorteile	Nachteile
Diskussion Bei einer Diskussion unterhalten sich Auszubildende(r) und Ausbilder über ein bestimmtes Thema, finden Argumente und diskutieren diese.	► Diskussion eröffnen ► Festlegung eines oder mehrerer Ziele ► Vorgabe eines Zeitfensters ► Koordination von Wortmeldungen ► Zusammenfassung der erarbeiteten Ergebnisse ► Diskussion schließen	► aktives Zuhören ► Interesse an der Diskussion zeigen ► eigene Erfahrungen und Ideen äußern ► offen gegenüber den anderen Auszubildenden und deren Beiträgen sein	► alle Teilnehmer der Diskussion sind gleichberechtigt ► Auszubildende können sich einbringen ► viele Meinungen treffen aufeinander ► die Teilnehmer lernen verschiedene Standpunkte kennen	► ggf. werden Hilfsmittel benötigt, die zuvor organisiert werden müssen ► stillere Auszubildende kommen nicht zu Wort ► Teilnehmer können sich persönlich angegriffen fühlen
Meta-Plan Der Meta-Plan ist eine Methode, bei der Informationen zu einem Thema auf Karten gesammelt werden. Diese Karten werden anschließend geordnet.	► organisiert die Metaplanwand, die Karten, Stifte, etc. ► öffnet und beendet die Bearbeitung des Themas ► ergänzt ggf. Lücken ► achtet auf Durcharbeitung des vorgegebenen Themas	► Fragen stellen ► Verbindungen und Assoziationen schaffen ► Karten mit eigenen Beiträgen beschriften ► Dokumentation von Ideen	► gute Visualisierung ► Ordnen und Bewerten durch Karten vereinfacht ► Förderung der Produktivität der Auszubildenden ► stillere Auszubildende können sich durch die Schreibbeiträge auf den Karten äußern	► nur unter bestimmten Rahmenbedingungen anwendbar ► erfordert Übung

Methode	Aufgaben des Ausbilders	Aufgaben des Auszubildenden	Vorteile	Nachteile
Rollenspiel Bei einem Rollenspiel wird eine bestimmte Situation simuliert. Die Auszubildenden nehmen hierbei verschiedene Rollen/Positionen ein.	► Kontrolle des Ablaufs ► greift ggf. korrigierend ein ► regt die Auszubildenden zu aktiver Gestaltung ihrer Rolle an ► tritt als Streitschlichter auf ► ist Ansprechpartner bei Problemen	► der Auszubildende erprobt seine Fähigkeiten ohne tatsächliche Verantwortung ► Identifikation mit der übertragenen Rolle ► kritische Reflexion des eigenen Handelns	► die Auszubildenden lernen spielerisch ► Empathie wird gefördert ► leichteres Nachvollziehen durch Einnehmen der fremden Rolle	► die Auszubildenden nehmen das Rollenspiel nicht ernst ► die Durchführung benötigt viel Zeit ► keine Vertiefung von Wissen ► zusätzliche Mittel werden benötigt
Brainstorming Das Brainstorming ist eine Methode zur Ideenfindung, bei der in kurzer Zeit verschiedene Ideen zunächst ohne Wertung gesammelt werden.	► Thema festlegen ► Fragen stellen, die das Brainstorming einleiten oder weiterführen ► Dokumentation der geäußerten Ideen ► Aktivierung der teilnehmenden Auszubildenden ► Einhaltung der Regeln für ein Brainstorming kontrollieren ► ggf. Impulsfragen stellen	► (möglichst viele) Ideen äußern ► Kritik unterlassen ► Aufgreifen und Fortführen fremder Ideen	► ermöglicht Assoziationen ► große Anzahl an Ideen innerhalb kurzer Zeit ► Auszubildende werden motiviert ► Produktivität der Auszubildenden wird gefördert ► bei einer Gruppe von Auszubildenden wird die Produktivität der gesamten Gruppe gefördert ► Auszubildende werden aktiviert und motiviert ► Auszubildende erweitern ihre Sozialkompetenzen	► Hemmungen der Auszubildenden können den Erfolg des Brainstorming beeinträchtigen ► stillere Auszubildende kommen nicht zu Wort ► nur unter bestimmten Rahmenbedingungen anwendbar ► Quantität geht vor Qualität der Beiträge

2.2 Darbietende Unterweisungsmethoden

Bei den darbietenden Unterweisungsmethoden ist es die Aufgabe des Ausbilders, den Auszubildenden etwas zu vermitteln, indem er Inhalte erzählt, anhand eines Referates vorträgt oder während einer Demonstration oder anhand der Vier-Stufen-Methode vormacht, wie ein gewisser Ablauf sein sollte. Die Auszubildenden folgen dabei dem Referat oder der Demonstration und machen diese anschließend nach. Darbietende Unterweisungsmethoden eignen sich besonders für Unterweisungen, bei denen die Einhaltung von Sicherheitsrichtlinien wichtig ist, um Gefahren für die Auszubildenden zu vermeiden.

Methode	Aufgaben des Ausbilders	Aufgaben des Auszubildenden	Vorteile	Nachteile
Demonstration Bei einer Demonstration wird den Auszubildenden eine Ausbildungssituation vorgeführt bzw. vorgetragen und durch Anschauung vermittelt.	► einen Sachverhalt verständlich demonstrieren ► Fragen der Auszubildenden beantworten ► sorgfältige Auswahl benötigter Medien ► den Auszubildenden zugewandt sein	► der Demonstration aufmerksam folgen ► nachmachen und üben ► Selbstkontrolle	► Lösungswege nachvollziehbar ► Praxistransfer ► Auszubildende können sich leicht mit dem Thema oder der Aufgabe identifizieren	► die Demonstration sollte gekonnt sein ► Fehler in der Demonstration können sich bei den Auszubildenden einprägen
Vortrag/Referat Bei einem Vortrag oder Referat wird ein Thema vorgetragen oder entsprechend darüber referiert.	► Vortrag des ausgewählten Themas ► strukturierte Vorbereitung des Vortrags ► stets den Auszubildenden zugewandt sein ► bedachte Auswahl von Medien	► aufmerksames Zuhören ► Anfertigen von Notizen zur Wiederholung ► Wiederholung der gehörten und notierten Informationen	► eignet sich zur Einführung in ein Thema ► Medien können genutzt werden, um den Vortrag zusätzlich zu transportieren und den Auszubildenden das notwendige Wissen zu vermitteln	► Auszubildende schweifen gedanklich ab ► Nachvollziehen des Themas nur bedingt möglich, da die Darstellung ggf. zu abstrakt ist ► bestehendes Desinteresse bei den Auszubildenden ► Auszubildende können nicht aktiv teilnehmen

Methode	Aufgaben des Ausbilders	Aufgaben des Auszubildenden	Vorteile	Nachteile
Vier-Stufen-Methode Bei der Vier-Stufen-Methode wird innerhalb von vier Stufen Wissen vermittelt und Können überprüft.	1. Vorbereiten und Erklären 2. Vormachen und Erklären 3. Vom Auszubildenden nachmachen und erklären lassen 4. Auszubildenden anwenden und üben lassen	▸ aufmerksames Zuhören ▸ nachmachen ▸ Fragen stellen, wenn etwas unklar ist ▸ Abläufe erklären ▸ anwenden und üben	▸ Fehler werden rechtzeitig erkannt oder von vornherein verhindert ▸ erfordert wenig Zeit ▸ Zweck der Unterweisung für den Auszubildenden ersichtlich ▸ einfache Struktur	▸ kaum handlungsorientiert ▸ nur geringe Förderung der Sozialkompetenz ▸ unselbstständig

2.3 Erarbeitende Unterweisungsmethoden

Erarbeitende Unterweisungsmethoden überlassen den Auszubildenden die vollständige Erarbeitung eines Themas z. B. anhand eines Planspiels oder eines Projekts. Auch bei den erarbeitenden Unterweisungsmethoden muss der Ausbilder die Rahmenbedingungen festlegen, bei einem Planspiel z. B. den Anfangs- und Endzeitpunkt. Er stellt alle notwendigen Informationen zur Verfügung und steht den Auszubildenden bei Fragen zur Verfügung. Die Auszubildenden finden sich bei den erarbeitenden Unterweisungsmethoden in einer praxisnahen Situation wieder, in der sie selbst einen gewissen Entscheidungsspielraum nutzen können.

Methode	Aufgaben des Ausbilders	Aufgaben des Auszubildenden	Vorteile	Nachteile
Planspiel Bei einem Planspiel wird eine simulierte Ausgangssituation vorgegeben, auf deren Basis einzelne Tätigkeiten durchgeführt und Entscheidungen getroffen werden.	▸ Bereitstellung der notwendigen Informationen ▸ Kontrolle des Ablaufs ▸ bei Problemen als Ansprechpartner fungieren ▸ Kontrolle der Einhaltung des Zeitrahmens	▸ Entscheidungen dem Planspiel angemessen treffen ▸ Regeln und Vorgaben des Planspiels anerkennen ▸ Übernahme der anfallenden Aufgaben im Rahmen des Planspiels	▸ Auszubildende üben sich im Planspiel für die Realität ▸ Entscheidungsbereitschaft wird gestärkt ▸ eigenes Handeln gilt innerhalb des Planspiels als real, kann aber in der Realität keinen Schaden durch falsche Entscheidungen anrichten	▸ Planspiel wird von den Auszubildenden nicht verstanden ▸ Planspiel wird von den Auszubildenden nicht ernst genommen ▸ Planspiel wird absichtlich manipuliert

Methode	Aufgaben des Ausbilders	Aufgaben des Auszubildenden	Vorteile	Nachteile
Fallmethode Die Fallmethode stellt verschiedene Situationen (eine Fallstudie) mit unterschiedlichen Lösungsansätzen dar.	► Einführung in die Fallstudie ► zeitliche Planung unterstützen ► Hilfestellung bei Informationsbeschaffung ► Materialien didaktisch aufbereiten	► selbstständiges Beschaffen von Informationen ► Interesse an der Fallstudie und dem Gesamtzusammenhang zeigen	► Theorie und Praxis werden verknüpft ► Förderung der Arbeitssystematik ► Förderung des Urteilsvermögens	► der Ausbilder muss sich sehr detailliert vorbereiten ► sehr zeitaufwändig
Projektmethode Bei der Projektmethode wird ein Projekt benannt, welches die Auszubildenden dann bearbeiten und „mit Leben füllen" sollen. Es kann auch vorkommen, dass die Auszubildenden sich ein eigenes Projekt überlegen und dies umsetzen sollen.	► Auszubildende über Ausgangssituation informieren ► bei Problemen als Berater fungieren ► Zielvorgaben überprüfen ► für die Auszubildenden präsent und ansprechbar sein	► Tätigkeiten koordinieren ► über Vorwissen verfügen ► eigenverantwortliches Handeln für das Projekt ► Arbeitsaufgabe eigenständig bearbeiten	► sehr selbstständige Arbeit ► ein Projekt spiegelt im Grunde bereits eine Fachkraft wider	► Auszubildender muss ausreichend qualifiziert sein ► Auszubildender muss über genug Erfahrung verfügen
Leittext-Methode Die Leittext-Methode dient zur Bearbeitung komplexer Projekte, bei denen ein roter Faden, jedoch keine Lösungsmöglichkeit vorgegeben wird.	► Einführung in die Aufgabe ► Verfassen von Leittexten ► vorher das benötigte Grundwissen vermitteln ► im Nachhinein die Ergebnisse mit den Auszubildenden besprechen	► Erstellung eines Arbeitsplans ► Einholen von Informationen ► selbstständige Kontrollen der eigenen Arbeit ► Bewerten der eigenen Arbeit	► Auszubildende lernen, Arbeitsschritte zu planen und zu strukturieren ► Auszubildende üben neue Tätigkeiten ► selbstständiges Handeln wird gefördert	► Fehler können die Auszubildenden demotivieren ► nicht für Auszubildende im 1. Lehrjahr geeignet, da sie noch nicht auf Grundwissen zurückgreifen können

2.4 Sozialisierende Unterweisungsmethoden

Bei den sozialisierenden Unterweisungsmethoden liegt der Fokus auf dem Kontakt zum Ausbilder oder zu anderen Auszubildenden und Kollegen. Die Auszubildenden lernen, wie sie einen Vorgang entweder allein strukturiert angehen können oder aber wie das Arbeiten zu zweit und in der Gruppe ebenfalls gelingen kann. Der Ausbilder definiert dabei eine Aufgabe präzise, die Auszubildenden wissen genau, was ihre Aufgabe ist. Auch bei diesen Unterweisungsmethoden steht der Ausbilder den Auszubildenden für Fragen als Ansprechpartner zur Verfügung.

Methode	Aufgaben des Ausbilders	Aufgaben des Auszubildenden	Vorteile	Nachteile
Einzelarbeit Bei der Einzelarbeit wird ein Sachverhalt oder eine Aufgabenstellung allein und eigenständig er- und bearbeitet.	▸ präzise Formulierung der Aufgabenstellung ▸ Einschätzung, ob sich die vorgesehene Aufgabe vom vorgesehenen Auszubildenden auch in Einzelarbeit erfüllen lässt	▸ eigenständiges Handeln ▸ kreatives Denken ▸ selbstständiges Auseinandersetzen mit der Aufgabenstellung und möglichen Lösungswegen ▸ Festhalten und Präsentieren von Ergebnissen	▸ Förderung der Selbstständigkeit des einzelnen Auszubildenden ▸ Auszubildender entwickelt Zielstrebigkeit und plant seine Handlungen	▸ keine Diskussion mit einem Partner möglich ▸ keine Stärkung der Kommunikations- und Kooperationsfähigkeiten des Auszubildenden
Partnerarbeit Bei der Partnerarbeit wird ein Sachverhalt oder eine Aufgabenstellung in einer Zweiergruppe er- und bearbeitet.	▸ präzise Formulierung der Aufgabenstellung ▸ den Auszubildenden bei Fragen zur Verfügung stehen	▸ eigenständiges Arbeiten mit dem Partner ▸ faire Zusammenarbeit und gute Kooperation mit dem Partner ▸ offene Gestaltung der Kommunikation	▸ Arbeits- und Lerntempo ist durch die Auszubildenden selbst zu bestimmen ▸ ein ggf. schwächerer Auszubildender erhält Hilfe durch den stärkeren Auszubildenden ▸ Verantwortungsbewusstsein des stärkeren Auszubildenden wächst	▸ ggf. lässt ein schwächerer Auszubildender den besseren Auszubildenden die Arbeit allein machen ▸ größere Belastung für den stärkeren Auszubildenden, der den schwächeren „mit durchzieht“

Methode	Aufgaben des Ausbilders	Aufgaben des Auszubildenden	Vorteile	Nachteile
Gruppenarbeit Bei der Gruppenarbeit wird ein Sachverhalt oder eine Aufgabenstellung in einer Gruppe selbstständig er- und bearbeitet.	► präzise Formulierung der Aufgabenstellung ► den Auszubildenden bei Problemen helfen ► Aufpassen, dass ein gewisser Zeitrahmen eingehalten wird ► Aufpassen, dass die Aufgabe auch tatsächlich bearbeitet wird	► aufgabenbezogen kommunizieren ► mit den anderen Auszubildenden in der Gruppe zusammenarbeiten	► Förderung der Selbstständigkeit ► schwächere Auszubildende erhalten Hilfe durch stärkere Auszubildende ► Auszubildende können Engagement für eine Aufgabe entwickeln	► die Gruppe kann die Ergebnisse eines Einzelnen beeinflussen ► Gefahr, dass Gegenargumente durch die Mehrheit ignoriert werden

3. Konzepterstellung der eigenen Ausbildungssituation

3.1 Methodenwahl

Die Ausbilderprüfung ist leider immer geprägt von einigen Künstlichkeiten, die nicht unbedingt der betrieblichen Realität entsprechen. Einerseits möchten Sie als zukünftiger Ausbilder moderne Ausbildungsmethoden verwenden, andererseits möchten Sie sich aber auch dem Prüfungsausschuss präsentieren. Dies kann durchaus ein Widerspruch sein, wenn Sie z. B. die Leittextmethode oder das Planspiel als moderne Methode verwenden, Sie dadurch aber als Ausbilder in den Hintergrund treten.

Die Vier-Stufen-Methode ist eine Möglichkeit, die sich etabliert hat. Sollten Sie sich dafür entscheiden, seien Sie trotzdem kreativ und halten sich nicht dogmatisch an diese vier Schritte. Denken Sie daran, dass ein zu langes „Vormachen", mit zu vielen Schritten gleichzeitig für den Auszubildenden nicht mehr nachvollziehbar ist. Hier wäre es möglich, entweder den Arbeitsgang aufzuteilen und die Schritte vom Auszubildenden Zug um Zug nachmachen zu lassen, oder aber der Auszubildende führt die Schritte parallel zu Ihnen durch, z. B. an einem zweiten Werkstück. Ein sinnvoller Methodenmix ist ebenso sowohl in der Praxis als auch in der Prüfungssituation möglich.

3.2 Aufbau einer schriftlichen Unterweisung

Eine schriftliche Unterweisung sollte neben dem Deckblatt, der eidesstattlichen Erklärung und des Inhaltsverzeichnisses die folgenden Punkte beinhalten:

1. Themenwahl
2. Sachanalyse
    2.1 Beschreibung des Ausbildungsbetriebs
    2.2 Ausbildungsberuf/Aufgabe des Ausbilders im Betrieb
    2.3 Adressatenanalyse/Analyse der Lernvoraussetzungen
    2.4 Ausbildungsort/benötigte Ausbildungs- und Hilfsmittel
3. Einordnung des Unterweisungsthemas in die Ausbildung
4. Fachliche Analyse und Zielangabe
    4.1 Lernzielniveau
    4.2 Richtlernziel
    4.3 Groblernziel
    4.4 Feinlernziele
5. Lernzielbereich
    5.1 Kognitiver Lernziele
    5.2 Affektive Lernziele
    5.3 Psychomotorische Lernziele
6. Handlungskompetenz der Unterweisung

   6.1 Fachkompetenz
   6.2 Methodenkompetenz
   6.3 Sozialkompetenz
7. Angestrebte Schlüsselqualifikationen
8. Erfüllung der Prinzipien der Ausbildung
9. Methodenwahl
10. Lernerfolgskontrolle
11. Anhang

Diese Struktur kann Ihnen als Checkliste für Ihre eigene schriftliche Ausarbeitung dienen. Das Deckblatt sollte z. B. die folgenden Punkte enthalten:

- [ ] Titel mit Datum der Prüfung
- [ ] Zuständige Stelle (IHK)
- [ ] Thema der Unterweisung
- [ ] Name des Prüflings
- [ ] Anschrift des Prüflings
- [ ] ggf. Prüflingsnummer
- [ ] Ausbildungsberuf
- [ ] Unterweisungsmethode
- [ ] Dauer der Unterweisung
- [ ] Anzahl der Auszubildenden
- [ ] Ausbildungsstand
- [ ] ggf. Seitenanzahl
- [ ] ggf. Anzahl der Anlagen
- [ ] Eidesstattliche Versicherung des Prüflings
- [ ] Angabe von Ort und Datum
- [ ] Unterschrift des Prüflings

3.3 Wissenswertes über das schriftliche Konzept Ihrer geplanten Durchführung der Ausbildungssituation

Die praktische Durchführung Ihrer Ausbildungssituation stellt die praktische Umsetzung in den Mittelpunkt. Ihre Ausbildungssituation sollten Sie daher so wählen, gestalten und durchführen, dass Sie sich als Person im Ausbildungsprozess zeigen und bewähren können. Die Erstellung eines schriftlichen Konzeptes dient dazu, dem Prüfungsausschuss zu zeigen, dass Sie sich im Vorfeld Gedanken über die Struktur Ihres Vorgehens und die Gründe hierfür gemacht haben. Ein gut durchdachtes, schriftliches Konzept zeigt, dass Sie Ausbildungssituationen konkret planen und umsetzen können.

Die Erstellung eines schriftlichen Konzepts dient nicht nur einer gelungenen Prüfung, sondern auch dem Planen von Ausbildungssituationen über den gesamten Ausbildungszeitraum. Die praktische Prüfung stellt für Sie die Chance dar, Ihr Konzept auf Tauglichkeit zu prüfen – funktioniert es gut, haben Sie eine gute Grundlage zur konkreten Planung weiterer Ausbildungssituationen.

INFO

Formatierungsvorgaben für die Erstellung des schriftlichen Konzepts bestehen nicht.

Die schriftliche Ausarbeitung der Ausbildungssituation wurde in der Vergangenheit mit 10 % gewichtet. Die aktuellen Bewertungsrichtlinien geben die folgenden Gewichtungen vor:

Bewertung der praktischen Prüfung bei Wahl der praktischen Durchführung:

- 60 % für die Durchführung der Unterweisungsprobe
- 40 % für das Prüfungsgespräch

Bewertung der praktischen Prüfung bei Wahl der Präsentationsform:

- 20 % Präsentation
- 15 % fachlicher und sachlicher Inhalt
- 15 % Methodenwahl und Medienauswahl für die Ausbildungseinheit
- 50 % Fachgespräch zum Präsentationsthema

3.4 Was ist zu tun?

☐ **Wahlmöglichkeit:** Sie haben die Möglichkeit, zwischen einer praktischen Durchführung Ihrer Unterweisung und einer Präsentation der geplanten Ausbildungseinheit zu wählen. Im Regelfall sollten Sie sich für die praktische Durchführung entscheiden, es kann jedoch unter bestimmten Voraussetzungen vorkommen, dass dies nicht möglich ist. Die Entscheidung kann auf die Präsentation fallen, wenn die praktische Durchführung aus verschiedenen Gründen nicht oder nur eingeschränkt erfolgen könnte.

☐ Wählen Sie ein **Thema** für Ihren Unterweisungsentwurf und ziehen Sie dabei die Ausbildungsverordnung des entsprechenden Berufsbildes zurate.

☐ Entscheiden Sie sich für eine **Methode**, nach der Sie die Unterweisung aufbauen bzw. durchführen wollen.

☐ Erstellen Sie ein **Inhaltsverzeichnis**, um sich einen ersten Überblick zu verschaffen und überprüfen Sie, ob Sie alle erforderlichen Inhalte berücksichtigt haben.

☐ Erstellen Sie für die praktische Prüfung ein **schriftliches Konzept** einer Ausbildungssituation.

☐ Da in der Prüfung nur ein begrenzter Zeitrahmen zur Verfügung steht, sollten Sie für Ihre Unterweisung einen **Zeitraum** von 15 - 20 Minuten einplanen.

☐ Die **Erklärung**, den Unterweisungsentwurf eigenständig ausgearbeitet zu haben, ist zwingend erforderlich und sollte am Anfang oder Ende des Unterweisungsentwurfes enthalten sein.

☐ Ihr Unterweisungsentwurf sollte etwa einen **Umfang** von 5 - 7 Seiten ohne Anhang aufweisen. Beachten Sie bei der Erstellung Ihrer schriftlichen Unterweisung Rechtschreibung und Grammatik ebenso wie die Systematik Ihrer Darstellung. Qualität sowie Vollständigkeit ist hier wertvoller als Quantität.

☐ Gestalten Sie Ihre Unterweisung interessant und **optisch ansprechend:** Nutzen Sie Fotos zur Veranschaulichung, bauen Sie das Firmenlogo mit ein und/oder heben Sie Überschriften (einheitlich) farblich hervor.

☐ Nachdem Sie Ihre Unterweisung geschrieben haben, überprüfen Sie sie auf **Vollständigkeit**. Haben Sie alle im Inhaltsverzeichnis aufgeführten Punkte behandelt? Muss ggf. noch etwas ergänzt werden?

☐ Überprüfen Sie noch einmal die gesamte Unterweisung auf **Rechtschreibung und Grammatik**. Korrigieren Sie Fehler, kürzen Sie Schachtelsätze.

☐ Wenn Sie mit Ihrer Unterweisung zufrieden sind und Sie die obigen Punkte beachtet haben, können Sie Ihre Unterweisung **ausdrucken**. Gegebenenfalls macht ein professionell gebundener Druck einen besonders positiven Eindruck beim Prüfungsausschuss.

TIPP

Halten Sie 3 - 5 Exemplare zur Aushändigung bereit (für die drei Mitglieder des Prüfungsausschusses und ggf. eine Person, die dem Prüfungsausschuss beiwohnt und eine Kopie für Ihren Auszubildenden oder für Sie selbst, um etwas nachzusehen).

3.5 Formulierungstipps für Ihr schriftliches Konzept

- Wenn Sie zuerst die Inhaltsübersicht bzw. Gliederung verfassen, haben Sie einen **Überblick** über alle Punkte, die für Ihr schriftliches Konzept wichtig sind und können Ihre Formulierungen zielführend darauf ausrichten.
- Achten Sie neben einem **strukturierten Aufbau** und der ausführlichen Betrachtung aller wichtigen Inhalte insbesondere auch darauf, dass Sie die für Ihren Arbeitsbereich jeweils typischen Hinweise unbedingt erwähnen.

Beispiel

Alle Personen, die mit Lebensmitteln in Kontakt kommen, müssen unbedingt die Hygienestandards einhalten. All jene Personen, die mit Gefahrstoffen in Kontakt kommen, müssen die Sicherheitsstandards einhalten, also z. B. Schutzkleidung tragen.

- Ordnen Sie das **Thema Ihrer Ausbildungssituation** ein.

Beispiele

„Diese Ausbildungssituation befasst sich mit ..."

„Die Ausbildungssituation steht in ... und ist von besonderem Interesse im 1. Ausbildungsjahr, da ..."

„Mittelpunkt dieser Ausbildungssituation ist ..."

„Diese Ausbildungssituation thematisiert ..."

- Verwenden Sie in Ihrem schriftlichen Konzept **Fachbegriffe**. Achten Sie darauf, dass Sie diese richtig und in angemessener Quantität anwenden. Abkürzungen sollten in diesem Zusammenhang vermieden werden.
- Vermeiden Sie **Wiederholungen**, z. B. bei Satzanfängen immer wieder „Der Auszubildende ...". Gestalten Sie Ihre Satzanfänge unterschiedlich und interessant.

Beispiel

„Ich erkläre dem Auszubildenden, was ich ihm zeigen möchte, führe ihn an den vorbereiteten Arbeitsplatz und frage ihn nach evtl. Fragen, die ich ihm beantworte. Danach frage ich ihn, was er zum Thema schon weiß und wie er sich die Herstellung dessen vorstellt. Ich höre mir seinen Vorschlag an und gehe darauf ein."

Hier kommt in kurzen Abständen 2-mal das Wort „fragen" vor. Besser klingt es z. B. so:

„Ich erkläre dem Auszubildenden, was ich ihm zeigen möchte, führe ihn an den vorbereiteten Arbeitsplatz und kläre noch offene Fragen des Auszubildenden. Anschließend bitte ich den Auszubildenden mir zu erzählen, was er zum Unterweisungsthema bereits weiß und wie er sich die Herstellung von Tomatenfilets vorstellt. Ich höre mir seinen Vorschlag an und gehe darauf ein."

INFO

Bei Aufzählungen, z. B. der Angabe der verschiedenen Ziele, die der Auszubildende anhand der Ausbildungssituation erreichen soll, sind diese Wiederholungen möglich.

- Verwenden Sie **Abkürzungen** nur, wenn es notwendig ist. Zu viele Abkürzungen behindern den Lesefluss.

  Überprüfen Sie, ob Sie alle Fachbegriffe ausgeschrieben haben – Abkürzungen sollten in diesem Zusammenhang vermieden werden.
- Vermeiden Sie **Schachtelsätze**, denn diese verwirren mehr, als dass sie zu einem guten Lesefluss beitragen.

Beispiel

„Die Sozialkompetenz wird gefördert, durch die Interaktion/Kommunikation findet zwischen den beiden Beteiligten eine Stärkung der Sozialkompetenz statt, da die Argumentationsfähigkeit (eigene Gedanken artikulieren und anderen mitteilen) und auch die Bereitschaft zur Zusammenarbeit des Auszubildenden gefördert werden, und ist eine wichtige Handlungskompetenz, die während der Ausbildung unbedingt gefördert werden muss."

Besser wäre es, diesen Schachtelsatz in mehrere Sätze aufzuteilen:

„Durch die gemeinsame Interaktion und Kommunikation während dieser Ausbildungssituation wird die Sozialkompetenz des Auszubildenden gefördert. Ebenso wird die Bereitschaft des Auszubildenden zur gemeinsamen Arbeit gestärkt. Der Auszubildende festigt seine Fähigkeiten, eigene Gedanken zu artikulieren, sie anderen mitzuteilen und mit Argumenten zu vertreten. Bei der Sozialkompetenz handelt es sich um eine Handlungskompetenz, deren Vermittlung während der Ausbildungssituation gefördert wird."

- Vermeiden Sie Phrasen und treffen Sie stattdessen **klare Aussagen**.
- Heben Sie Ihren wichtigsten Punkt hervor.

Beispiel

„Von besonderer Bedeutung ist dabei ..., da anhand dessen erkennbar ist, dass ..."

„Im Vordergrund steht dabei ..."

- Begründen Sie Ihre **Methodenwahl**.

Beispiel

„Die Ausbildungssituation wird nach der Methode x durchgeführt, um dem Auszubildenden ..."

„In dieser Ausbildungssituation kombiniere ich die methodischen Ansätze der Methode x und der Methode y, somit ..."

„Das Verfahren von ... findet Anwendung in dieser Ausbildungssituation. Ausschlaggebend hierfür ist ..."

- Erläutern Sie **Zusammenhänge**, sofern es erforderlich ist.

Beispiel

Erläutern Sie z. B. den Zusammenhang zwischen einer erwarteten Handlung des Auszubildenden und dem Grund Ihrer Erwartung:

„Der Auszubildende soll ... selbstständig durchführen, da dies eines der zu erreichenden Lernziele der Ausbildung darstellt."

- Verfassen Sie die eidesstattliche **Erklärung**, welche besagt, dass Sie die Unterweisung eigenständig erstellt haben. Unterzeichnen Sie neben der Angabe von Ort und Datum. Denken Sie daran, diese Erklärung in jedem Exemplar zu unterzeichnen!

Beispiel

Formulierungen hierfür können lauten:

„Hiermit versichere ich, dass ich die vorliegende Unterweisung selbstständig erstellt und erarbeitet habe."

„Hiermit versichere ich, die vorliegende Ausbildungseinheit selbstständig ausgewählt und ausgearbeitet zu haben."

„Ich erkläre, dass ich diesen Unterweisungsentwurf selbstständig erstellt habe."

„Hiermit erkläre ich, dass ich diesen Unterweisungsentwurf selbstständig erstellt habe."

„Hiermit erkläre ich, dass ich diese Unterweisung selbstständig und nur unter Verwendung der angegebenen Hilfsmittel und Literatur erstellt habe."

„Hiermit versichere ich, dass ich die berufstypische Ausbildungssituation im Wesentlichen selbstständig formuliert und gestaltet habe."

4. Unterweisungen

Bei den folgenden Unterweisungen handelt es sich um „echte" Unterweisungen, mit denen angehende Ausbilder ihre praktische Prüfung bestanden haben. Die Unterweisungen sind aus verschiedenen Berufen und Bereichen zusammengestellt, anhand derer Sie Ideen für Ihre eigene Unterweisung entwickeln können. Die Anhänge der hier aufgeführten Unterweisungen wurden weitestgehend weggelassen, da diese für die eigentliche Erstellung (das Schreiben) der Unterweisung von sekundärer Bedeutung sind: Sie werden Ihre eigenen benötigten Anlagen zusammenstellen.

Sämtliche Namen von Personen und Betrieben sowie Adressen wurden abgeändert, um die Wahrung persönlicher und betrieblicher Interessen zu gewährleisten.

4.1 Rechnungserstellung (Vier-Stufen-Methode; Bürokaufmann/-frau)

Ausbildereignungsprüfung am 14. Februar XXXX

Unterweisungsprobe

Vor dem Prüfungsausschuss
der Industrie- und Handelskammer

Prüfungsteilnehmer:	Korte, Jonas Bürgermeisterweg 7 49733 Haren
Ausbildungsberuf:	Bürokaufmann
Grundlage der Ausbildung:	Verordnung über die Berufsausbildung zum Bürokaufmann/zur Bürokauffrau vom 13. Februar 1991 (BGBl. I S. 425)
Ort der Prüfung:	Industrie- und Handelskammer Trompetenweg 16 49733 Haren
Anzahl der Auszubildenden:	2 Auszubildende
Ausgewählte Methode:	Vier-Stufen-Methode
Dauer der Unterweisung:	ca. 15 - 20 Minuten

Hiermit versichere ich, die vorliegende Ausbildungseinheit selbstständig ausgewählt und ausgearbeitet zu haben.

Haren, 20.12.XXXX

Inhaltsverzeichnis

1. Themenwahl

Gegenstand dieser Unterweisung ist, dass der Auszubildende/die Auszubildende selbstständig eine Rechnung erstellen kann.

Die Auszubildenden entnehmen die nötigen Angaben anhand des Lieferscheines, auf dem die Menge des Artikels und der Artikel selbst angegeben sind. Danach entnehmen die Auszubildenden die Preise aus der aktuellen Preisliste und erstellen die Rechnungen.

2. Analyse des Adressaten und der Lernvoraussetzungen

Der Auszubildende/Die Auszubildende befindet sich im zweiten Halbjahr des ersten Lehrjahres in der Ausbildung zum/zur Bürokaufmann/Bürokauffrau und hat im Vorfeld seine/ihre Aufgaben stets zuverlässig und gewissenhaft bearbeitet. Einfache Aufgaben erfüllt er/sie selbstständig und gewissenhaft. Auch die Noten in der Berufsschule sind gut ausgefallen.

3. Einordnung des Unterweisungsthemas in die Ausbildung

Das Thema dieser Unterweisung ist gemäß § 3 Nr. 2.1 der Verordnung über die Berufsausbildung zum Bürokaufmann/zur Bürokauffrau vom 13.02.1991 in Verbindung mit der Nr. 2.1c des Ausbildungsrahmenplans für die Berufsausbildung zum Bürokaufmann/zur Bürokauffrau zu vermitteln.

Im Vorfeld der Ausbildung ist der Auszubildenden/dem Auszubildenden betriebsbedingt der Bereich der erneuerbaren Energien näher gebracht worden. Der Auszubildende/Die Auszubildende hat bereits gelernt, Anschreiben nach DIN-Vorgabe zu erstellen und Angebote zu schreiben. In dieser Unterweisung soll der Auszubildende/die Auszubildende anhand der Lieferscheine und Preislisten Positionen addieren und die Umsatzsteuer ausweisen.

In der nächsten Unterweisung wird das korrekte Unterzeichnen von Schriftstücken behandelt.

4. Fachliche Analyse und Zielangabe

4.1 Lernzielniveau

4.1.1 Richtlernziel

Der Auszubildende/Die Auszubildende soll mit Vorgabe der einzelnen Positionen die in Lieferschein und Preisliste angegeben sind selbstständig eine Faktura erstellen.

4.1.2 Groblernziel

Der Auszubildende/Die Auszubildende soll anhand der Preisliste die Artikelpreise der auf dem Lieferschein aufgeführten ermitteln, mit dem Ziel, eine korrekte Faktura schreiben zu können.

4.1.3 Feinlernziel

Der Auszubildende/Die Auszubildende soll erläutern können, welche Bestandteile eine Faktura hat.

4.2 Lernzielbereich

4.2.1 Kognitive Lernziele

- die Auszubildenden wissen, was eine Faktura ist
- die Auszubildenden wissen, was zur Erstellung einer Faktura benötigt wird
- die Auszubildenden wissen, welche Angaben in einer Faktura enthalten sein müssen

4.2.2 Affektive Lernziele

- die Auszubildende/der Auszubildende zeigt große Sorgfalt und Konzentration bei der Erstellung der Faktura
- die Auszubildende/der Auszubildende ist daran interessiert, den Umgang mit vertrauenswürdigen Daten zu erlernen und für diese sensibilisiert zu werden

4.2.3 Psychomotorische Lernziele

- die Auszubildende/der Auszubildende nimmt die ihr/ihm gegebenen „Beispiel Fakturen“ zur Hand
- die Auszubildende/der Auszubildende nimmt einen Stift zur Hand und macht sich Notizen bzw. notiert Berechnungen
- die Auszubildende/der Auszubildende benutzt den Taschenrechner, tippt die benötigten Angaben ein und erhält das Ergebnis

4.3 Handlungskompetenzen der Unterweisung

4.3.1 Fachkompetenz

Im Anschluss an die Unterweisung soll die Auszubildende/der Auszubildende selbstständig aus verschiedenen Lieferscheinen die Artikelpreise ermitteln können und den Kunden dann eine Faktura zukommen lassen.

4.3.2 Methodenkompetenz

Die Auszubildende/Der Auszubildende muss diese Aufgabe systematisch in Einzelschritten lösen. Hierdurch werden logisches Denken und selbstständiges Arbeiten gefördert. Diese Kompetenz fordert strukturiertes Handeln und Planen und ist auf sehr viele betriebliche Vorgänge anwendbar.

4.3.3 Sozialkompetenz

Die Auszubildende/Der Auszubildende wird in ihrer/seiner Selbstständigkeit gestärkt, da sie/er mit verschiedenen Bestandteilen von Anfragen und Angeboten arbeiten und diese in Zusammenhang setzen muss.

Die Kommunikationsfähigkeit der Auszubildenden/des Auszubildenden wird gestärkt, da sie/er in Kontakt sowohl mit den Kunden als auch mit den Kollegen treten muss, um alle notwendigen Informationen für die Erfüllung seiner Aufgabe zu erhalten.

4.3.4 Angestrebte Schlüsselqualifikationen

Die Auszubildende/Der Auszubildende wird zu eigenständiger Aktivität angeleitet, da die Aktivität des Ausbilders von Stufe zu Stufe immer weiter abnimmt. Dies fördert selbstgesteuertes Lernen.

Die Ermittlung eines für eine Faktura wichtigen Wertes sowie dem Kunden eigenständig zu antworten befähigt die Auszubildende/den Auszubildenden, Fakturen selbstständig zu erarbeiten. In diesem Fall ist das Ergebnis (der errechnete Wert) eindeutig, sodass sich die Auszubildende/der Auszubildende in seiner Aufgabe sicher fühlt, was ihn wiederum insgesamt in seiner Arbeit positiv bestärkt.

4.3.5 Erfüllung der Prinzipien der Ausbildung

Prinzip der Fasslichkeit:
Durch die Zergliederung der Ausbildungseinheit in für die Auszubildende/den Auszubildenden nachvollziehbare Schritte wird diesem Prinzip entsprochen.

Prinzip der Praxisnähe:
Diese Ausbildungseinheit beschreibt während der Ausbildung täglich anfallende Aufgaben, des Weiteren werden die reellen Berechnungsgrundlagen zu Rate gezogen, somit wird das Prinzip der Praxisnähe berücksichtigt.

Prinzip der Erfolgssicherung:
Durch Erläuterungen des eigenen Vorgehens in der 3. Stufe, sowie durch das Üben und selbstständige Lösen von neuen Fällen in der 4. Stufe wird das Wissen gefestigt und so ein Lernerfolg gesichert.

5. Lernerfolgskontrolle

Die Auszubildende/Der Auszubildende führt selbstständig die Erstellung einer Faktura durch. Die Auszubildende/Der Auszubildende ermittelt selbstständig die für eine korrekte Faktura benötigten Werte und antwortet dem Kunden eigenständig.

4.1.1 Hinweise, Kritik und Verbesserungsvorschläge

- Die genannten Punkte im Inhaltsverzeichnis stimmen nicht mit denen in der Unterweisungsprobe überein. Es empfiehlt sich daher, die Überschriften und das Inhaltsverzeichnis miteinander abzugleichen.
- Die Strukturierung des Inhaltsverzeichnisses ist nicht einheitlich. Es bietet sich an, nur Hauptüberschriften zu unterstreichen.
- Unterstreichen Sie in Ihrem Inhaltsverzeichnis lediglich die Hauptüberschriften, so sollte dieses Vorgehen auch innerhalb des schriftlichen Konzepts fortgeführt werden.
- In dieser Unterweisung ist die Einordnung der Unterweisung in den Gesamtkontext der Ausbildung gut gelungen. In Punkt 3 wird sowohl die vorangegangene als auch die nachfolgende Unterweisungseinheit benannt.

  „Der Auszubildende/Die Auszubildende hat bereits gelernt, Anschreiben nach DIN-Vorgabe zu erstellen und Angebote zu schreiben. In dieser Unterweisung soll der Auszubildende/die Auszubildende anhand der Lieferscheine und Preislisten Positionen addieren und die Umsatzsteuer ausweisen. In der nächsten Unterweisung wird das korrekte Unterzeichnen von Schriftstücken behandelt."
- Lesen Sie Ihre Unterweisung vor Abgabe noch einmal in Ruhe und geben Sie sie ggf. einem Freund, der diese auch einmal lesen kann. So können Flüchtigkeitsfehler, wie z. B. unter Punkt 4.1.2 *Groblernziel*, vermieden werden: Hier wurde ein Wort vergessen. Richtig heißt es:

  „Der Auszubildende/Die Auszubildende soll anhand der Preisliste die Artikelpreise der auf dem Lieferschein aufgeführten **Artikel** ermitteln, mit dem Ziel, eine korrekte Faktura schreiben zu können." Wahlweise könnte hier auch das Wort „Positionen" genutzt werden.
- Einheitlichkeit im Aufbau ist wünschenswert: Die unterschiedlichen Aufzählungszeichen in Punkt 4.2.1, 4.2.2 und 4.2.3 (siehe Seite 34) wirken unruhig. Besser: Einheitlich bleiben und zumindest, wenn sich die Punkte auf der gleichen Seite befinden, die gleichen Aufzählungszeichen verwenden.
- Werden in einer schriftlichen Unterweisung stets beide Geschlechter angesprochen, so sollte dies durchgehend geschehen und nicht plötzlich unterlassen werden. Siehe Punkt 4.3.3 letzter Satz. Richtig sollte es dort lauten:

  „Die Kommunikationsfähigkeit der Auszubildenden/des Auszubildenden wird gestärkt, da sie/er in Kontakt sowohl mit den Kundinnen/Kunden als auch mit den Kolleginnen/Kollegen treten muss, um alle notwendigen Informationen für die Erfüllung ihrer/seiner Aufgabe zu erhalten."
- Gut gelungen ist die Herstellung der Verbindung zu den Prinzipien der Ausbildung und die Erläuterung, durch welchen Vorgang der Unterweisung die jeweiligen Prinzipien erfüllt werden (Punkt 4.3.5).

4.1.2 Fragen, die sich für das Prüfungsgespräch ergeben können

1. Warum haben Sie sich für die Vier-Stufen-Methode entschieden?
2. Hätten sich auch andere Methoden zur Durchführung Ihrer Ausbildungssituation geeignet? Wenn ja, welche? Wenn nein, warum nicht?
3. Um welche Unterweisungsmethode handelt es sich bei der von Ihnen gewählten und was kennzeichnet diese Unterweisungsform?
4. Erläutern Sie bitte den Begriff Faktura.
5. Folgende Situation: Sie merken, Ihr Auszubildender kann Ihnen nicht ganz folgen. Was hätten Sie anders/besser machen können?
6. Warum ist es in Ihrem Beruf wichtig, dass Ihr Auszubildender bereits im ersten Lehrjahr seiner Ausbildung Rechnungen schreiben kann?
7. Erläutern Sie bitte die Wichtigkeit von Schlüsselqualifikationen.
8. Sie haben unter dem Punkt 5 *Lernerfolgskontrolle* geschrieben, der Auszubildende ermittelt die benötigten Werte für die Faktura selbstständig, erstellt die Faktura und antwortet dem Kunden eigenständig. Inwiefern findet hier eine Lernerfolgskontrolle statt?
9. Was geschieht, wenn der Auszubildende Ihrem Kunden eine Rechnung mit falschen Werten aushändigt?

4.2 Montieren und Anschließen elektronischer Betriebsmittel (Lehrgespräch mit Lehrauftrag; Elektroniker/in für Betriebstechnik)

Prüfungsteilnehmer

Name, Vorname:	Korte, Jonas
Anschrift:	Bürgermeisterweg 7, 49733 Haren

Thema der Unterweisung

Baugruppen und Geräte mit unterschiedlichen Anschlusstechniken verbinden.

Geplante Unterweisung

Der/Die Auszubildenden	
Ausbildungsberuf:	Elektroniker/-in für Betriebstechnik
Anzahl der Auszubildenden:	1 Auszubildender
Ausbildungsstand:	5. Monat des 1. Ausbildungsjahres
Die Unterweisungseinheit	
Montieren und Anschließen elektronischer Betriebsmittel (§ 11 Absatz 1 Nummer 7) aus dem Ausbildungsrahmenplan zum Elektroniker/-in für Betriebstechnik vom 24.07.2007	
Lernort/Ausbildungsplatz im Betrieb:	Arbeitsplatz in der Ausbildungswerksatt
Hilfsmittel:	Presszange, Seitenschneider, Edding, Seilbürste, Handschuhe, Gliedermaßstab
Zeitdauer:	15 Minuten
Umfang des Unterweisungsentwurf:	4 Seiten und 3 Anlagen

Hiermit versichere ich, dass ich die berufstypische Ausbildungssituation im Wesentlichen selbstständig formuliert und entworfen habe.

Ort, Datum ____________ Unterschrift ____________

1 Unterweisung

1.1 Kurzanalyse der Lerngruppen und Lernvoraussetzungen
Der Auszubildende ist 17 Jahre alt, besitzt einen Abschluss der Sekundarstufe I und ist im 5. Monat des 1. Ausbildungsjahres. Grundkenntnisse über Arbeitssicherheit, Leitungsarten, Anschlusstechniken und über den Umgang mit Werkzeugen sind bereits vorhanden. Der Auszubildende ist offen gegenüber neuen Aufgaben. Er ist kommunikationsbereit und hat eine gute Auffassungsgabe. Theoretisch vermitteltes Wissen kann er gut in praktische Aufgabenstellungen übertragen.

2 Einordnung der Stoffauswahl

2.1 Thema der letzten Unterweisungseinheit:
- Baugruppen und Geräte mit unterschiedlichen Anschlussgruppen verbinden - Schwerpunkt Kabelverbindung
2.2 Thema dieser Unterweisungseinheit:
- Baugruppen und Geräte mit unterschiedlichen Anschlussgruppen verbinden - Schwerpunkt Freileitungsseilverbindung
2.3 Thema der nächsten Unterweisungseinheit:
- Messverfahren und Messgeräte auswählen - Isolationswiederstände messen und beurteilen

3 Handlungskompetenz der Unterweisung (Ziele)

3.1 Fachkompetenz
Der Auszubildende erlangt das fachliche Wissen, um eine Leiterseilverbindung herzustellen.
3.2 Methodenkompetenz
Der Auszubildende kann mit dieser Methode sämtliche Freileitungsseilverbindungen herstellen. Der Ablauf zum Herstellen der Verbindung ist unabhängig vom jeweiligen Querschnitt und ist daher auf alle Arten von Seilen übertragbar.
3.3 Sozialkompetenz
Wird bei dieser Unterweisung nicht besonders gefördert.
3.4 Angestrebte Schlüsselqualifikationen
Selbstständigkeit: der Auszubildende erledigt den Lehrauftrag alleine Genauigkeit: der Auszubildende kann die Verbindung gewissenhaft und sorgfältig herstellen Kritikfähigkeit: der Auszubildende kann auch einen Rat annehmen

4 Methodenwahl

Aufgrund der Qualifikation des Auszubildenden wird die Unterweisung durch einen Methodenmix aus Lehrgespräch mit anschließendem Lehrauftrag durchgeführt. Durch das gemeinsame Erarbeiten und die selbstständige Ausführung der Aufgabe lernt der Auszubildende intensiver. Seine Handlungskompetenz wird gefördert. Lernerfolge können schon früh überprüft werden und die Handlungsschritte werden verinnerlicht.

5 Motivation/Problembewusstsein

Das Interesse des Auszubildenden an der Unterweisung wird geweckt, indem ihm die Wichtigkeit verdeutlicht wird. Bei einer Störung der Stromversorgung soll sie schnellstmöglich unter Einhaltung aller Sicherheitsregeln behoben werden. Um dieses zu gewährleisten, ist es sehr wichtig, solche Leiterseilverbindungen schnell und korrekt auszuführen.

6 Lernziele

Richtlernziel:	Montieren und Anschließen elektrischer Betriebsmittel (§ 11 Absatz 1 Nummer 7)
Groblernziel:	Leitungen auswählen und zurichten sowie Baugruppen und Geräte mit unterschiedlichen Anschlusstechniken verbinden. (§ 11 Absatz 1 Nummer 7b)
Feinlernziel:	Der Auszubildende soll das Leiterseil fachgerecht verbinden können.
Nach Lernbereichen:	
Kognitiv:	Er hat das Wissen zum Herstellen von Leiterseilverbindungen. Er kann die theoretischen Informationen auf die Praxis übertragen.
Psychomotorisch:	Der Auszubildende hat den sicheren und fachgerechten Umgang mit den Werkzeugen erlernt.
Affektiv:	Der Auszubildende ist sich seiner Verantwortung bei dem Umgang mit elektrischen Betriebsmitteln bewusst. Er kann mit der notwendigen Aufmerksamkeit und Genauigkeit die Verbindung herstellen.

Ablauf einer Unterweisung

Zeit	Schritte/ Phasen	Ziele und Inhalte	Methoden/Unterweisungsformen	Medien
1 Min.	1. Vorbereitung	- Arbeitsplatz vorbereiten - Begrüßung, Vorstellen - dem Auszubildenden die Befangenheit nehmen - den Auszubildenden motivieren - Unterweisungsziel nennen	Vortragende Unterweisungsform	keine
2 - 3 Min.	2. Gemeinsames Erarbeiten und Erklären	Das Verbinden theoretisch erarbeiten	Lehrgespräch	- Montage-Anleitung - Werkzeuge - Material
4 - 5 Min.	3. Selbstständig weiterarbeiten lassen	Herstellen der Leiterseilverbindung	Lehrauftrag	- Montage-Anleitung - Werkzeuge - Material
1 - 2 Min.	4. Kontrolle	- Selbstkontrolle - Gemeinsame Kontrolle (Vergleich mit einer separaten Musterpressung)	Lernerfolgs-Kontrolle	Muster pressung
3 - 4 Min.	5. Üben	Das korrekte Ausführen durch Üben verinnerlichen	Lehrauftrag	- Montage-Anleitung - Werkzeuge - Material
1 - 2 Min.	6. Kontrolle	- Selbstkontrolle - Gemeinsame Kontrolle (Vergleich mit einer separaten Musterpressung)	Lernerfolgs-Kontrolle	Muster-pressung
1 Min.	7. Abschluss	Ergebnis der Unterweisung besprechen	Lehrgespräch	

4.2.1 Hinweise, Kritik und Verbesserungsvorschläge

- Ein Titelblatt mit zusätzlichen Angaben zum Prüfungstag und -ort hätte auflockernde Wirkung.
- Eine Inhaltsangabe sollte auch in dieser schriftlichen Unterweisungsprobe vorhanden sein.
- Die Angaben zur geplanten Unterweisung enthalten alle wichtigen und notwendigen Informationen und sind sehr übersichtlich. Gut ist auch die Einordnung des Unterweisungsthemas und die Herstellung des Bezugs zum Ausbildungsrahmenplan direkt bei der Nennung der Unterweisungseinheit. Es fehlt jedoch die Nennung des tatsächlichen Themas, diese erfolgt erst unter Punkt 2.2 *Thema dieser Unterweisungseinheit*.
- Unter Punkt 1.1 findet sich die Überschrift *Kurzanalyse der Lerngruppen und Lernvoraussetzungen*, im Folgenden ist jedoch von nur einem Auszubildenden die Rede. Daher besser die Bezeichnung „Adressatenanalyse“ wählen.
- Die Einordnung der Stoffauswahl ist gelungen, die letzte sowie die folgende Unterweisungseinheit sind thematisch aufgeführt.
- Unter 3.3 wurde angegeben, die Sozialkompetenz würde anhand dieser Unterweisung nicht besonders gefördert. Hier können jedoch Sozialkompetenzen angegeben werden, sie können z. B. lauten:

  „Der Auszubildende steigert sein Selbstvertrauen durch die Übernahme der verantwortungsvollen Aufgabe, eine Freileitungsseilverbindung herzustellen.“

  „Durch den Ausbilder ausgeübte Kritik oder auch Hinweise und Hilfestellungen steigern die Kritikfähigkeit des Auszubildenden.“

  „Diese Sozialkompetenzen können gleichermaßen auch als Schlüsselqualifikationen gewertet werden.“
- Gut ist, dass diese Unterweisung einen Ablaufplan enthält, der die geplante Zeit je Arbeitsschritt/Phase angibt. Die geplante Unterweisung soll eine Maximalzeit von ca. 18 Minuten betragen, was sich in diesem Fall für das Zeitfenster der praktischen Prüfung eignet.

4.2.2 Fragen, die sich für das Prüfungsgespräch ergeben können

1. Warum haben Sie sich für ein Lehrgespräch mit Lehrauftrag entschieden?
2. Hätten sich auch andere Methoden zur Durchführung Ihrer Ausbildungssituation geeignet? Wenn ja, welche? Wenn nein, warum nicht?
3. Um welche Unterweisungsmethode handelt es sich bei der von Ihnen gewählten und was kennzeichnet diese Unterweisungsform?
4. Eignet sich auch ein anderer Raum zur Durchführung dieser Ausbildungssituation? Begründung?
5. Warum ist die Einordnung der Stoffauswahl auch für den Auszubildenden hilfreich?
6. Erläutern Sie bitte den Begriff „Sozialkompetenz“ und nennen Sie eine solche, die durch Ihre Unterweisungseinheit gefördert wird.
7. Wer sind die an einer Ausbildung beteiligten verschiedenen Instanzen?
8. Sind Sie mit der Durchführung Ihrer Unterweisung zufrieden? Was hätten Sie ggf. anders machen können/wollen?

4.3 Funktionskontrolle einer Rückschlagklappe (Vier-Stufen-Methode; Chemikant/in)

Ausarbeitung

Prüfling
Jonas Korte
Bügermeisterweg 7
Prüflingsnummer 123456
49733 Haren

Datum/Ort der Prüfung: 18.08.XXXX, IHK Haren

Ausbildungsberuf
Chemikant/in

Thema der Unterweisung

Funktionskontrolle durch Aus- und Einbau einer Rückschlagklappe unter Berücksichtigung der Unfallverhütungsvorschriften (UVV) und der innerbetrieblichen Sicherheitsvorschriften.

Hiermit versichere ich, dass ich die berufstypische Ausbildungssituation im Wesentlichen selbstständig formuliert und gestaltet habe.

____
Unterschrift

Inhaltsverzeichnis

1. Vormerkung

1.1 Der Ausbildungsbetrieb

Bei dem Ausbildungsbetrieb handelt es sich um die SDH Kunstharze OHG Haren. Sie beschäftigt in Haren rund 90 Mitarbeiter. Die SDH stellt unterschiedliche Produkte her, dies sind zum Beispiel Polyesterlacke, Polyurthanharze und Dispergierungslacke. Hauptsächlich werden diese Produkte in der Automobilindustrie und Weißblechlackierung verwendet.

1.2 Der Unterweisende/Ausbilder

Der Ausbilder der Chemikanten ist Tagschichtmeister und somit für die Auszubildenden jederzeit ansprechbar. Neben der Ausbildung ist es seine Aufgabe, den Schichtmeister bei der Arbeitsplanung (z. B. Reparaturen an Reaktoren) zu unterstützen und gemeinsam mit ihm die Arbeitsfreigaben (Arbeitsgenehmigungen) zu erstellen, um ein sicheres Arbeiten an der Anlage zu ermöglichen.

1.3 Thema der Unterweisung

Funktionskontrolle durch Aus- und Einbau einer Rückschlagklappe unter Berücksichtigung der UVV und der innerbetrieblichen Sicherheitsvorschriften.

1.4 Ausbildungsort

Die Unterweisung findet direkt in der Produktion statt, damit der Auszubildende unter realistischen Voraussetzungen arbeiten und somit Erfahrungen sammeln kann.

1.5 Ausbildungsmittel

Für diese Ausbildungseinheit werden zwei Schraubenschlüssel und die PSA (Persönliche Schutzausrüstung; Schutzbrille und Arbeitshandschuhe) benötigt.

2. Fachliche Analyse

2.1 Ausbildungssituation/Adressatenanalyse

Der Auszubildende, Lukas, ist 18 Jahre alt, im 2. Ausbildungsjahr und hat das 1. Ausbildungsjahr in der Berufsschule in Form des BFJ erfolgreich abgeschlossen. Hier hat er die theoretischen und einige praktische Grundlagen vermittelt bekommen. Vor dem Antritt des BFJ hat Lukas die Klasse 10 H mit dem Realschulabschluss beendet.

3. Didaktische Analyse

3.1 Inhalte der Ausbildungseinheit

In dieser Ausbildungseinheit (Wechsel und Funktionskontrolle einer Rückschlagklappe) soll der Auszubildende Erfahrung beim Arbeiten in und mit der Produktionsanlage, unter Berücksichtigung der UVV und der innerbetrieblichen Sicherheitsvorschriften, zusätzlich die Handhabung und Kenntnisse der Werkstoffe und Werkzeuge erlernen.

3.2 Inhalt der nachfolgenden Ausbildungssituation

In der nächsten Woche findet der Betriebsstillstand bei der SDH Kunstharze OHG statt. Hier soll der Auszubildende sein gelerntes Wissen anwenden, indem er weitere Rückschlagklappen kontrolliert. Auch die Zusammenarbeit mit erfahrenen Schlossern in dieser Zeit bringt viel Wissen und Erfahrung mit sich.

4. Lernziele

4.1 Richtlernziele

1. § 4 Absatz 2 Abschnitt 1 Nummer 3.1; Sicherheit und Gesundheitsschutz bei der Arbeit
2. § 4 Absatz 2 Abschnitt 1 Nummer 7; Installationstechnische Arbeiten

4.2 Groblernziele

1. f) persönliche Schutzausrüstung unterscheiden und handhaben können
   g) Sicherheitseinrichtungen am Arbeitsplatz bedienen und ihre Funktionsfähigkeit erhalten können
   m) mit Gefahrstoffen umgehen; Gefahren erläutern und vermeiden können
2. b) Rohre und Rohrleitungsteile unter Berücksichtigung von Rohrverbindungsarten und -elementen sowie Dichtungsmaterialien verbinden und abdichten können

4.3 Feinlernziele

4.3.1 Kognitive Lernziele

Der Auszubildende hat nach der Ausbildungseinheit erlernt, wie man eine Rückschlagklappe kontrolliert und wechselt. In diesem Fall DN50, dieses Wissen kann Lukas ohne Probleme auf Rückschlagklappen anderer Größen übertragen. Zusätzlich hat der Auszubildende ein gutes Gefühl in Bezug auf die Einhaltung sicherheitsrelevanter Vorschriften erhalten.

4.3.2 Psychomotorische Lernziele

Die richtige Handhabung der Werkzeuge wird von dem Auszubildenden beherrscht.

4.3.3 Affektive Lernziele

Bei nicht normal verlaufenden Tätigkeiten (z. B. bei unerwartetem Auftreten von Problemen) kann der Auszubildende diese sicher beheben.

4.4 Angestrebte Kompetenzen

4.4.1 Handlungskompetenz

Wenn diese Ausbildungseinheit abgeschlossen ist, kann der Auszubildende bei diesen oder ähnlichen Reparaturen/Kontrollen selbstständig und sicher arbeiten.

4.4.2 Fachkompetenz

Durch das Aus- und Einbauen der Rückschlagklappe und den Wechsel der Dichtungen bekommt der Auszubildende Erfahrung und erlernt praktische Anwendung, die er vorher im theoretischen Berufsschulunterricht vermittelt bekommen hat.

4.4.3 Methodenkompetenz

Durch das Arbeiten an der Produktionsanlage in Form der Kontrolle der Rückschlagklappe in einzelnen Schritten lernt der Auszubildende, wie diese oder ähnliche Arbeiten in der Realität ausgeführt werden und kann sie dann später sicher anwenden.

5. Durchführung

5.1 Zeitliche Gliederung

Begrüßung, Vorstellung des Auszubildenden und des Ausbilders	1 Min.
Sicherheitsunterweisung, Aushändigung der PSA	2 Min.
Vormachen des Ausbilders	4 Min.
Nachmachen des Auszubildenden	5 Min.
Lernerfolgskontrolle	2 Min.
Verabschiedung	1 Min.

6. Methode/Lernzielkontrolle

6.1 Methodenauswahl

Die Unterweisung erfolgt nach der Vier-Stufen-Methode.

1. Stufe: Vorbereitung und Motivation des Auszubildenden

Rolle des Ausbilders	Rolle des Auszubildende	Lernzielkontrolle
- Begrüßung und Vorstellung - Arbeitsplatz-Vorbereitung - Bekanntgabe des Unterweisungsziels - Motivation des Auszubildenden - Arbeitsplatzbeschreibung - Fragen bei Unklarheiten beantworten - Aushändigen der persönlichen Schutzausrüstung mit zugeordneter SOP	- zuhören	Frage: Welche Schutzhandschuhe müssen bei dieser Arbeit getragen werden?

2. Stufe: Vormachen und erklären

Rolle des Ausbilders	Rolle des Auszubildenden	Lernzielkontrolle
- Rückschlagklappe unter Berücksichtigung der Sicherheitsvorschriften ausbauen - Rückschlagklappe auf Funktion prüfen - Rückschlagklappe unter Berücksichtigung der Sicherheitsvorschriften einbauen	- Ausbilder aufmerksam beobachten - Besonderheiten notieren	Frage: Wieso wird die vom Körper abgewandte Schraube zuerst gelöst? Antwort: Wenn wider Erwarten Flüssigkeit in der Leitung steht, bekomme ich sie nicht direkt auf den Körper.

3. Stufe: Nachmachen und erklären lassen

Rolle des Ausbilders	Rolle des Auszubildenden	Lernzielkontrolle
- beobachtet den Handlungsablauf - macht ggf. auf Fehler aufmerksam - weist darauf hin, dass nicht Verstandenes hinterfragt wird	- Rückschlagklappe unter Berücksichtigung der Sicherheitsvorschriften ausbauen - Rückschlagklappe auf Funktion prüfen - Rückschlagklappe unter Berücksichtigung der Sicherheitsvorschriften einbauen	Frage: Wie werden die Schrauben wieder angezogen? Antwort: Die Schrauben werden über Kreuz angezogen.

4. Stufe: Selbstständiges Anwenden und Üben

Rolle des Ausbilders	Rolle des Auszubildenden
- beobachtet den Handlungsablauf - greift bei Sicherheitsrisiken ein - beantwortet offene Fragen	- Rückschlagklappe unter Berücksichtigung der Sicherheitsvorschriften ausbauen - Rückschlagklappe auf Funktion prüfen - Rückschlagklappe unter Berücksichtigung der Sicherheitsvorschriften einbauen

6.2 Lernzielkontrolle
Frage:
Auf welche vier Dinge ist besonders zu achten?

Antwort:
1. Das Tragen der PSA
2. Zuerst die vom Körper abgewandte Schraube lösen
3. Beim Herausnehmen der Rückschlagklappe auf Quetschgefahr achten
4. Die Schrauben über Kreuz wieder anziehen

Bei Arbeiten an der Produktionsanlage müssen viele Sicherheitsvorschriften und anlagentechnische Umstände beachtet werden. Somit habe ich mich für die Vier-Stufen-Methode entschieden, um in Zukunft den Auszubildenden sicher in und an der Produktionsanlage arbeiten zu lassen.

4.3.1 Hinweise, Kritik und Verbesserungsvorschläge

- Das Inhaltsverzeichnis ist sehr übersichtlich gestaltet, gesuchte Inhalte lassen sich schnell finden. Ergänzend können Seitenzahlen hinzugefügt werden.
- Die schlüssige Gliederung setzt sich in der Unterweisung durch schlüssige, ordentlich ausformulierte Erläuterungen der einzelnen Punkte fort.
- Das Hinweisen auf sicherheitsrelevante Bestimmungen und Maßnahmen, wie z. B. das Tragen einer Schutzausrüstung, sind unbedingt notwendig, wenn sie auch im betrieblichen Ablauf vorgeschrieben sind. Daher muss ein Hinweis zum Tragen der Schutzkleidung o. Ä. unbedingt sowohl in der schriftlichen Unterweisungsprobe enthalten sein, als auch während der praktischen Durchführung der Unterweisungsprobe mündlich mitgeteilt oder der Unterweisung angemessen befolgt werden.
- Eine Lernzielkontrolle anhand einer zuvor festgelegten Frage bzw. eines zuvor festgelegten Ziels lässt den Ausbilder erkennen, ob der Auszubildende den Inhalt der Unterweisung und den Sinn einzelner Schritte auch tatsächlich verstanden hat und nachvollziehen kann.
- Die unter Punkt 4.4 aufgeführten angestrebten Kompetenzen sollten um den Punkt *Sozialkompetenz* ergänzt werden.
- Die Begründung der Methodenwahl kann zwar besser in einem eigenen Punkt dargelegt werden, die bestehenden Gefahren bei der durchzuführenden Unterweisung sind jedoch eine geeignete Begründung für die Wahl der Vier-Stufen-Methode.

4.3.2 Fragen, die sich für das Prüfungsgespräch ergeben können

1. Warum haben Sie sich für die Vier-Stufen-Methode entschieden?
2. Hätten sich auch andere Methoden zur Durchführung Ihrer Ausbildungssituation geeignet? Wenn ja, welche? Wenn nein, warum nicht?
3. Um welche Unterweisungsmethode handelt es sich bei der von Ihnen gewählten und was kennzeichnet diese Unterweisungsform?
4. Sind Ihre Auszubildenden von Beginn ihrer Ausbildung an in Kontakt mit den verschiedenen Produkten gekommen, die Ihr Unternehmen herstellt?
5. Hätte die Unterweisung auch an einem anderen Ort stattfinden können? Begründung?
6. Ihr Auszubildender macht trotz Ihrer Unterweisung einen Fehler, indem er die Sicherheitskleidung nicht trägt. Wie reagieren Sie darauf?

4.4 Vorbereitung einer Bestellung von Rollladenkästen für ein im Bau befindliches Objekt (Kurzvortrag; Kaufmann/-frau für Büromanagement)

Prüfungsteilnehmer

Name, Vorname:	Schmidt, Marita
Anschrift:	Senatorstraße 49 49716 Meppen

Thema der Unterweisung

Vorbereitung einer Bestellung von Rollladenkästen für ein im Bau befindliches Objekt.

Geplante Unterweisung

Der/Die Auszubildenden	
Ausbildungsberuf:	Kaufmann/-frau für Büromanagement
Anzahl der Auszubildenden:	1 Auszubildender
Ausbildungsstand:	8. Monat des 1. Ausbildungsjahres
Die Ausbildungssituation	
Errechnen der Rollladenkastenmaße des vorgegebenen Bauvorhabens lt. beigefügtem Entwurf, unter Berücksichtigung der Auftragsbestätigung und der Baubeschreibung.	
Lernort/Ausbildungsplatz im Betrieb:	Zwei-Personen-Büro mit einer technischen Zeichnerin
Hilfsmittel:	Bauvertrag inkl. Baubeschreibung und Entwurf, Vordruck Rollladenkastenbestellung, Kugelschreiber, Bleistift und Radierer
Zeitdauer:	15 Minuten
Umfang des Unterweisungsentwurfs:	5 Seiten und 5 Anlagen

Hiermit versichere ich, dass ich die berufstypische Ausbildungssituation im Wesentlichen selbstständig formuliert und entworfen habe.

Ort, Datum Unterschrift

Unterweisung

1. Kurzanalyse der Lerngruppen und Lernvoraussetzungen
Der Auszubildende ist 18 Jahre alt und hat die Fachhochschulreife erworben. Er befindet sich im 8. Monat des 1. Ausbildungsjahres zum „Kaufmann für Büromanagement“ in der Fa. Bauen mit Substanz GmbH, welche sich auf „Schlüsselfertiges Bauen“ spezialisiert hat. Hier hat er bereits unter Anleitung ein Angebot mit dazugehöriger Baubeschreibung für ein Bauvorhaben erstellt. Der Auszubildende ist sehr motiviert und zeigt großes Interesse. In dieser Unterweisung soll der Auszubildende nun die „Bestellung der Rollladenkästen“ für ein Bauvorhaben vorbereiten.

Einordnung der Stoffauswahl

2.1 Thema der letzten Ausbildungssituation:
Erstellung eines Entwässerungsplans, Einzeichnung der Verlegung von Schmutzwasserleitungen unter der Sohlplatte vom Wohnhaus auf einem Grundriss.
2.2 Thema dieser Ausbildungssituation:
Vorbereiten einer Rollladenkastenbestellung für das Bauvorhaben der letzten Unterweisung (laut beiliegendem Bauvertrag).
2.3 Thema der nächsten Ausbildungssituation:
Durchführung der Rollladenkastenbestellung (Übertragen auf PC und Speichern unter dem entsprechenden Projekt, Ablage einer Kopie in der Akte, Versenden der Bestellung an die ausführende Firma, Versenden einer Kopie an das ausführende Bauunternehmen).

Handlungskompetenz der Unterweisung (Ziele)

3.1 Fachkompetenz
- Vorbereitung einer Bestellung von Rollladenkästen für ein im Bau befindliches Objekt - Errechnen der Maße der Rollladenkästen anhand der ausgewiesenen Fenstermaße im Entwurf - Prüfen anhand des Bauvertrages und der Baubeschreibung, ob die Rollläden über Gurte oder Motoren bedient werden
3.2 Methodenkompetenz
- Selbstständige und sorgfältige Durchführung - Bauzeichnung lesen können

3.3 Sozialkompetenz
- keine
3.4 Angestrebte Schlüsselqualifikationen
- Selbstständiges Arbeiten fördern - Verantwortungsbewusstsein stärken - Sicherer Umgang mit Arbeitsunterlagen

Methodenwahl

Für die gewählte Unterweisung eignet sich ein Kurzvortrag mit anschließendem Arbeitsauftrag. Durch das selbstständige Erarbeiten des Auszubildenden wird das Selbstbewusstsein gestärkt und somit der Lernerfolg verbessert.

Motivation/Problembewusstsein

Problem:	Da es sich bei den auszuführenden Bauobjekten unserer Kunden meistens um verschiedene Objekte handelt, muss die Bestellung immer dem neuen Objekt angepasst werden.
Motivation:	Durch selbstständiges Ausarbeiten wird der Auszubildende motiviert, da ihm hierdurch Verantwortung übertragen wird.

Lernziele

Richtlernziel:	Beschaffung von Material und externen Dienstleistungen (§ 4 Absatz 2 Nummer 2.3)
Groblernziel:	a) Material und Dienstleistungsbedarf ermitteln
Feinlernziel:	- aus Auftragsbestätigung, Baubeschreibung und Entwurf entnehmen, welche Informationen für die Bestellung relevant sind - Eintragung der errechneten Maße in den beiliegenden Vordruck
Nach Lernbereichen:	
Kognitiv:	Der Auszubildende soll: - wissen, wo entsprechende Angaben in Auftragsbestätigung und Baubeschreibung zu finden sind - wissen, welche Maße aus dem Entwurf für die Bestellung relevant sind

Psycho-motorisch:	Es wird kein psychomotorisches Lernziel gefördert
Affektiv:	Der Auszubildende soll: - die Notwendigkeit des konzentrierten und präzisen Arbeitens erkennen - Interesse an der ordnungsgemäßen Bearbeitung eines Arbeitsauftrages entwickeln - Motivation bilden, um eine möglichst fehlerfreie Erledigung zu gewährleisten - logisch denken, um die Rollladengurte richtig zu platzieren

Ablauf einer Unterweisung

7.1 Vorbereitung
- Arbeitsmittel und Hilfsmittel bereitlegen - Übersicht verschaffen (fördert die Konzentration während der Unterweisung) - Begrüßung - Unterweisungsziel nennen
7.2 Erklären der einzelnen Arbeitsschritte
- Anhand des Entwurfs erklären, welche Maße zu berücksichtigen sind - Welche Maße müssen errechnet werden, damit die Rollladenkästen in dem Objekt verarbeitet werden können? (Fenstermaß zzgl. 30 cm) - Im Bauvertrag prüfen, ob Gurte oder Motoren zum Einsatz kommen
7.3 Ausführen des Auftrags durch den Auszubildenden
- Selbstständiges Ausführen des Arbeitsvorgangs durch den Auszubildenden - Auszubildender soll während des Arbeitsvorganges seine Gedanken laut mitteilen, um festzustellen, ob das Vermittelte verstanden wurde - Ausbilder hält sich zurück, schaltet sich nur bei Rückfragen ein
7.4 Selbstkontrolle durch den Auszubildenden/Gemeinsame Kontrolle
- Ausbilder lässt den Auszubildenden eine Selbstkontrolle durchführen - Gemeinsame Kontrolle (Ausbilder und Auszubildender) - Eventuelle Fehler korrigieren, mit dem Ausbilder besprechen
7.5 Abschluss der Unterweisung
- Lob aussprechen, wenn konzentriert und korrekt gearbeitet wurde - Ausbilder bedankt sich für die Aufmerksamkeit und motiviert den Auszubildenden, die Tätigkeit anhand von weiteren Bauvorhaben zu festigen - Auf die nächste Unterweisung (Thema und Zeitpunkt) hinweisen

Bestellformular

Musterunternehmen
Musterstraße
Musterort

Musterkunde

Datum: ______________________ Bearbeiter: ______________________

Bestellung der Rollladenkästen

Bauvorhaben: ______________________________

Raum	Maß	Ausführung

Ich bitte um Fertigstellung innerhalb von 5 Tagen.
Bei Fragen stehen wir Ihnen jederzeit gern zur Verfügung.

Mit freundlichen Grüßen,

Musterunternehmen

4.4.1 Hinweise, Kritik und Verbesserungsvorschläge

- Die Unterweisung enthält kein Inhaltsverzeichnis, dieses wäre jedoch sinnvoll, um dem Prüfer einen ersten Überblick zu gewähren.
- Die Struktur der Unterweisung ist trotz fehlendem Inhaltsverzeichnis sehr übersichtlich gestaltet.
- Die thematische Einbettung der Unterweisung ist gut gelungen.
- Dass der Auszubildende keinerlei soziale Kompetenzen anhand der Unterweisung erwirbt (Punkt 3.3), ist fragwürdig. Zu dieser Stelle würde ein Prüfer Fragen haben.

MERKE

Es gibt verschiedene Bereiche sozialer Kompetenzen:

- im Umgang bzw. Verständnis mit der eigenen Person
- im Umgang und Verständnis mit anderen Personen
- in Bezug auf die Zusammenarbeit mit anderen Personen
- in Bezug auf die eigenen Führungsqualitäten

Kompetenzen im Umgang bzw. Verständnis mit der eigenen Person	► Selbstvertrauen ► Selbstdisziplin ► Selbstbeobachtung ► Wertschätzung ► Geduld ► Eigenverantwortung ► etc.
Kompetenzen im Umgang und Verständnis mit anderen Personen	► Hilfsbereitschaft ► Anerkennung ► Empathie ► Kritikfähigkeit ► Wahrnehmung ► Kompromissfähigkeit ► etc.
Kompetenzen in Bezug auf die Zusammenarbeit mit anderen Personen	► Teamfähigkeit ► Konfliktfähigkeit ► Kommunikationsfähigkeit ► Kooperationsfähigkeit ► Motivation ► etc.

Kompetenzen in Bezug auf die eigenen Führungsqualitäten	► Verantwortung ► Flexibilität ► Konsequenz ► Fleiß ► Vorbildfunktion ► etc.

- Der Punkt 4 *Methodenwahl* kann um ein bis zwei Sätze ergänzt werden.
- Die Lernziele unter Punkt 6 sind strukturiert und nachvollziehbar aufgeschlüsselt und ausgeführt. Dass der Auszubildende jedoch keinerlei psychomotorische Ziele durch die Ausbildungseinheit erreicht, ist fragwürdig. An dieser Stelle wird ein Prüfer nachhaken.

MERKE

Psychomotorische Ziele sind physische, manuell durchgeführte, motorische, sensorische oder auch technische Fertigkeiten.

Grundsätzlich können psychomotorische Ziele daher z. B. die folgenden sein:

- Der Auszubildende füllt ein Formular aus.
- Der Auszubildende beantwortet Fragen strukturell und inhaltlich richtig.
- Der Auszubildende notiert eine Information.
- Der Auszubildende ordnet das Arbeitsmaterial der richtigen Aufgabe zu.
- usw.

Psychomotorische Ziele, die der Auszubildende mit dieser Ausbildungseinheit erreichen kann, können z. B. sein:

- Der Auszubildende nimmt einen Stift und schreibt die benötigten Angaben aus der Auftragsbestätigung und der Baubeschreibung auf.
- Der Auszubildende nimmt den Entwurf zur Hand und markiert darauf die Maße mit einem Textmarker.

Zu beachten ist, dass die unterschiedlichen Lernziele und die Schlüsselqualifikationen sich durchaus überschneiden können. Die Unterweisungsprinzipien fehlen in dieser Unterweisung jedoch und sollten in der schriftlichen Ausarbeitung noch ergänzt werden.

INFO

Den folgenden Unterweisungsprinzipien sollte die Ausarbeitung entsprechen:

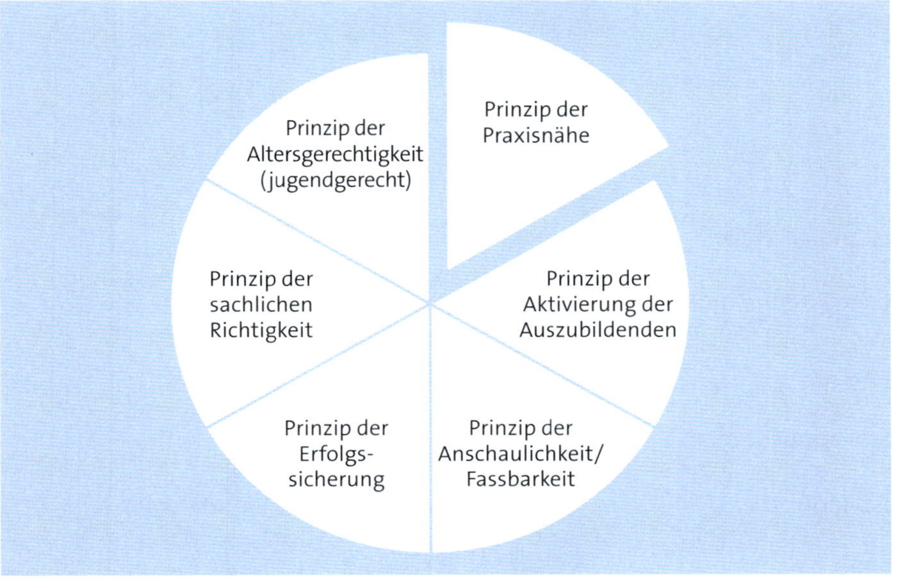

4.4.2 Fragen, die sich für das Prüfungsgespräch ergeben können

1. Warum haben Sie sich für die Methode eines Kurzvortrags entschieden?
2. Hätten sich auch andere Methoden zur Durchführung Ihrer Ausbildungssituation geeignet? Wenn ja, welche? Wenn nein, warum nicht?
3. Um welche Unterweisungsmethode handelt es sich bei der von Ihnen gewählten und was kennzeichnet diese Unterweisungsform?
4. Erläutern Sie bitte die in Punkt 1 von Ihnen gewählte Formulierung „Lerngruppe".
5. Nennen Sie bitte einige Sozialkompetenzen und erläutern Sie, weshalb diese Ihrer Einschätzung nach nicht durch Ihre Unterweisungseinheit vermittelt werden.
6. Erläutern Sie bitte den Begriff „Psychomotorische Lernziele".
7. Und fortfolgend: Welche psychomotorischen Lernziele werden dem Auszubildenden durch Ihre Unterweisung vermittelt?
8. Unterscheiden Sie bitte Arbeits- und Hilfsmittel.
9. Was geschieht, wenn der Auszubildende sich verrechnet? (... wenn Sie dabei sind? ... wenn Sie es erst im Nachhinein feststellen?)
10. Darf Ihr Auszubildender die Bestellung letztlich alleine tätigen?

4.5 Reklamationsbearbeitung mithilfe einer Belastungsanzeige (Vier-Stufen-Methode; Groß- und Außenhandelskaufmann/-frau)

Unterweisungsentwurf
für die Ausbildereignungsprüfung

Zuständige Stelle:	IHK
Prüfungsteilnehmerin:	Marita Schmidt Senatorstraße 49 49716 Meppen
Ausbildungsbetrieb:	Baucenter Buildup
Ausbildungsberuf:	Groß- und Außenhandelskaufmann/-frau
Thema:	Reklamationsbearbeitung mithilfe einer Belastungsanzeige
Anzahl der Auszubildenden:	2
Ausbildungsstand:	2. Ausbildungsjahr
Methode:	Vier-Stufen-Methode
Dauer:	ca. 20 Minuten

Hiermit erkläre ich, dass ich diesen Unterweisungsentwurf selbstständig erstellt habe.

______________________ ______________________

Ort, Datum Unterschrift

Inhaltsverzeichnis Seite

1. Einführung

1.1 Ausbildungsbetrieb/Ausbilder

Der Ausbildungsbetrieb ist das Baucenter Buildup in Meppen. Dieses ist ein mittelständisches Handelsunternehmen mit über 50 Mitarbeitern. Die Auszubildenden werden im Laufe ihrer Ausbildung die Abteilungen Hoch- und Tiefbau, Innenausbau, Baumarkt, Lager, Lagerbuchhaltung, Lohnbuchhaltung sowie Finanzbuchhaltung durchlaufen. Die Ausbilderin ist Assistentin der Geschäftsleitung.

1.2 Adressatenanalyse

Die Auszubildenden Franz Meier und Lisa Wilhelms sind beide im 2. Ausbildungsjahr. Herr Franz Meier ist 18 Jahre alt und hat nach dem Erwerb des Sekundarabschluss I die einjährige Berufsfachschule Wirtschaft erfolgreich abgeschlossen. Frau Lisa Wilhelms ist 20 Jahre alt und hat das Abitur mit der allgemeinen Hochschulreife erfolgreich bestanden.

Sie haben sich in den bisher durchlaufenen und in der jetzigen Abteilung Baumarkt als sehr wissbegierig, fleißig und zuverlässig erwiesen. Es ist festzustellen, dass ihnen die Arbeit viel Freude bereitet und sie mit viel Spaß an die gestellten Aufgaben herangehen.

1.3 Vorkenntnisse zur Ausbildungseinheit

Die beiden Auszubildenden haben bereits den kompletten Vorgang von der Bedarfsanalyse der Ware über die Bestellung an sich mit anschließender Prüfung der Auftragsbestätigung bis zur Waren- und Rechnungseingangskontrolle vollzogen. Sie wissen über die Genauigkeit der einzelnen Arbeitsschritte besonders bei Prüfung der Beschaffenheit, Menge und Preis Bescheid.

1.4 Einordnung der Unterweisung

Das Unterweisungsthema „Belastungsanzeige erstellen" ist lt. Verordnung über die Berufsausbildung zum Kaufmann/-frau im Groß- und Außenhandel in § 4 Abs. 1 Nr. 2.3 f „Reklamationen unter Berücksichtigung der vertraglichen Verpflichtungen bearbeiten" vorgesehen.

Lfd. Nr.	Teil des Ausbildungsberufsbildes	Zu vermittelnde Fertigkeiten und Kenntnisse
1	2	3
2.3	Wareneinkauf (§ 4 Abs. 1 Nr. 2.3)	a) Bezugsquellen ermitteln und Angebote einholen b) Angebote insbesondere hinsichtlich Art, Beschaffenheit, Qualität, Menge, Preis, Verpackungskosten, Lieferzeit, Liefer- und Zahlungsbedingungen vergleichen c) Waren bestellen, Auftragsbestätigungen prüfen d) Vertragserfüllung prüfen, insbesondere Liefertermine überwachen und bei Verzug mahnen e) Eingangsrechnungen und Lieferpapiere sachlich und rechnerisch prüfen **f) Reklamationen unter Berücksichtigung der vertraglichen Verpflichtungen bearbeiten**

Die Auszubildenden lernen in dieser Unterweisung die Reklamationsbearbeitung mithilfe einer Belastungsanzeige, um den Rechnungsbetrag einer Eingangsrechnung aufgrund von Mängeln oder Schäden der gekauften Ware oder falschen Angaben einer Eingangsrechnung zu kürzen.

2. Lernziele

2.1 Richtlernziel

Die Auszubildenden sollen alle Phasen des Wareneinkaufs von der Bezugsquellenermittlung bis zur Reklamationsbewältigung beherrschen.

2.2 Groblernziel

Die Auszubildenden sollen die Reklamationsbewältigung anhand einer Belastungsanzeige erstellen können.

2.3 Feinlernziele

Die Auszubildenden sollen erkennen wann man eine Belastungsanzeige erstellen muss, um diese danach selbstständig und ordnungsgemäß auszufüllen.

2.3.1 Kognitive Lernziele

Die Auszubildenden sollen die Reklamationsgründe erkennen, die ausführliche und genaue Begründung bzw. Erklärung der Reklamation erläutern und die notwendigen Informationen aus der Rechnung ermitteln. Ferner sollten sie in der Lage sein, den Belastungsbetrag zu errechnen.

2.3.2 Psychomotorische Lernziele

Die Auszubildenden sollen den Reklamationsgrund, die Begründung bzw. Erklärung der Reklamation und den Belastungsbetrag eintragen sowie die notwendigen Informationen aus der Rechnung in die Belastungsanzeige übertragen.

2.3.3 Affektive Lernziele

Den Auszubildenden soll die Genauigkeit und Sorgfalt des Ausfüllens einer Belastungsanzeige bewusst sein, da bei falschen oder fehlenden Angaben diese nicht weiter bearbeitet werden kann.

2.3.4 Operationalisierung

Die Lernziele sind dann erreicht, wenn die Auszubildenden Franz Meier und Lisa Wilhelms eine Belastungsanzeige selbstständig ausfüllen können.

Wenn die Ausbilderin sicher ist, dass die Auszubildenden diese Aufgabe richtig lösen können, ist die Unterweisung erfolgreich abgeschlossen.

3. Schlüsselqualifikationen

3.1 Handlungskompetenz

Bei den Auszubildenden kommt die Handlungskompetenz zum Vorschein, indem sie eine mangelhafte Lieferung oder falsch ausgestellte Rechnung erkennen und selbstständig und in Eigenverantwortlichkeit den Schaden, welchen wir dadurch genommen haben, über eine Belastungsanzeige wieder ausgleichen.

3.2 Fachkompetenz

Den Auszubildenden wird durch das Vormachen und das Nachmachen sowie durch das Üben einer Reklamationsabwicklung mithilfe einer Belastungsanzeige die Fähigkeit und Bereitschaft vermittelt, die erworbenen fachlichen Kenntnisse in einem Handlungsprozess richtig umzusetzen und das Ergebnis bewerten zu können.

3.3 Methodenkompetenz

Durch das Heraussuchen der richtigen Belege (die zur Reklamation gehörende Rechnung und das Formular der Belastungsanzeige) sowie durch das Eintragen der richtigen Informationen aus der Rechnung in die Belastungsanzeige erhalten die Auszubildenden die Fähigkeit und Bereitschaft, die Aufgabe selbstständig durchzuführen und die methodische Vorgehensweise zu bewerten.

3.4 Sozialkompetenz

Indem die Auszubildenden bei der Unterweisung in Partnerarbeit zusammenarbeiten und mit dem Ausbilder kommunizieren, wird die Fähigkeit und Bereitschaft sich mit anderen Personen verantwortungsbewusst auseinanderzusetzen, verliehen.

3.5 Individualkompetenz

Durch das Anleiten der Unterweisung durch den Ausbilder erhalten die Auszubildenden die Fähigkeit und Bereitschaft, sich im Rahmen der Arbeitsaufgabe zu entwickeln, die eigenen Begabungen, Motivation und Leistungsbereitschaft zu entfalten.

4. Unterweisungsprinzipien

4.1 Prinzip der Praxisnähe

Durch die Reklamationsbewältigung mithilfe einer Belastungsanzeige, was häufig im betrieblichen Ablauf vorkommt, erhalten die Auszubildenden die gewünschte Praxisnähe.

4.2 Prinzip der Anschaulichkeit

Durch die Verwendung aktueller Reklamationen und dem handschriftlichen Ausfüllen der dazugehörigen Belastungsanzeige wird den Auszubildenden das Vorgehen veranschaulicht.

4.3 Prinzip der Erfolgssicherung

Die Auszubildenden füllen selbstständig mehrere Belastungsanzeigen realer Beispielaufgaben im Beisein des Ausbilders aus. Durch das Nachmachen und Erklären der Auszubildenden prägen sie sich die erworbenen Fertigkeiten und Kenntnisse ein. Durch diese Wiederholung und das Erkennen der Wichtigkeit erhöht sich die Motivation und die Behaltensquote steigt.

5. Ablauf der Unterweisung

5.1 Unterweisungsort

Die Unterweisung findet an einem aufgeräumten Schreibtisch im Baumarkt statt, die Arbeitshöhe wurde auf die Auszubildenden angepasst. Für eine ausreichende Beleuchtung und ein angenehmes Raumklima wurde gesorgt. Der Unterweisungsplatz ist zum Zeitpunkt der Unterweisung nicht für andere Personen zugänglich, also störungsfrei. Der Ausbilder und die beiden Auszubildenden sitzen an einer Seite des Tisches und haben für die Unterweisung ausreichend Platz.

5.2 Unterweisungsdauer und Zeitpunkt

Die Dauer der Unterweisung ist auf 20 Minuten geplant und sie beginnt um 10:00 Uhr. Dieser Zeitpunkt der Unterweisung wurde ausgewählt, da die Leistungsbereitschaft zu diesem Zeitpunkt am größten ist.

5.3 Ausbildungsmittel

- Formular der Belastungsanzeige
- 2 Eingangsrechnungen
- Zeichnung (Rechnungsverlauf)
- Flipchart
- Edding
- Aschefilter
- Polo Regner
- Kugelschreiber
- Stempel
- Stempelkissen
- Taschenrechner

6. Durchführung der Unterweisung

6.1 Nach der Vier-Stufen-Methode

Die Vier-Stufen-Methode ist eine darbietende Unterweisungsform. Der Ausbilder vermittelt den Auszubildenden die Fertigkeiten, Kenntnisse und Fähigkeiten eines Ausbildungsteils in vier Stufen.

1. Stufe Vorbereiten und Motivieren
2. Stufe Erklären und Ausführen
3. Stufe Nachmachen und Erklären lassen
4. Stufe Selbstständiges Ausführen und Üben

Hierbei wird den Auszubildenden in relativ kurzer Zeit Wissen vermittelt. Sie benötigen für diese Unterweisungsmethode keine großartigen Vorkenntnisse. Fehler können von vornherein erkannt und damit gezielt verhindert werden.

6.2 Vorbereiten und Motivieren

Die Ausbilderin bereitet die Unterweisung vor, indem sie die dazugehörenden Hilfsmittel und Unterlagen mitbringt. Sie begrüßt die Auszubildenden und stellt sich vor.

Danach baut sie mithilfe der Auszubildenden den Unterweisungsplatz mit den dazugehörenden Hilfsmitteln auf. Dieses macht sie, um den Auszubildenden schon am Anfang zu zeigen, dass sie gebraucht werden.

Wenn alles soweit auf seinem Platz ist, führt sie die Auszubildenden in das Unterweisungsthema „Reklamationsbearbeitung mithilfe einer Belastungsanzeige“ ein und fragt sie diesbezüglich nach ihren Vorkenntnissen.

Hiernach sollen sie einige Reklamationsgründe nennen. Diese schreibt die Ausbilderin dann übersichtlich auf einem Flipchart zur Orientierung auf. Durch den Hinweis auf die Wichtigkeit einer Reklamationsbearbeitung mithilfe einer Belastungsanzeige weckt die Ausbilderin das Interesse und motiviert die Auszubildenden gleichzeitig.

6.3 Erklären und Ausführen lassen

Bevor die Ausbilderin mit der Erklärung anfängt, signalisiert sie den Auszubildenden, dass sie jederzeit Fragen stellen können, wenn etwas nicht verstanden wurde.

Danach erklärt sie den zu bearbeitenden Fall und gibt den Auszubildenden hierzu die Belastungsanzeige, die Eingangsrechnung und die dazugehörenden Hilfsmittel, die zur Bearbeitung benötigt werden.
Sie teilt den beiden Auszubildenden ihre Arbeitsaufgaben zu. Lisa Wilhelms erhält die Belastungsanzeige zum Ausfüllen und Franz Meier die dazugehörende Rechnung, um die notwendigen Daten herauszulesen.

Nach der Einteilung füllt die Ausbilderin gemeinsam mit den beiden Auszubildenden die Belastungsanzeige aus.

Die persönlichen Daten wie Absender, Sachbearbeiter, Telefonnummer, Fax-Nummer, Datum und Unterschrift werden als Erstes ausgefüllt. Diese Daten sind für die nachfolgende Bearbeitung oder Rückfragen der bearbeitenden Person wichtig.

Danach werden die Lieferanten- und Eurobaustoff-Rechnungs-Nr., das Ausstellungsdatum der beiden Rechnungen sowie der brutto Rechnungsbetrag ausgefüllt. Dieses ist für die spätere Orientierung der bearbeitenden Person wichtig, damit sie weiß, zu welchem Vorgang die Reklamation gehört. Um den Auszubildenden diesen Vorgang zu veranschaulichen, hat die Ausbilderin eine Zeichnung angefertigt. Hier ist der Lauf der Eingangsrechnung dargestellt, damit die Auszubildenden verstehen, warum eine zusätzliche „Eurobaustoff-Rechnungs-Nr." angegeben werden muss.

Zum Ausfüllen dieser Felder sucht Franz Meier die dazugehörenden Daten aus der Eingangsrechnung heraus und übergibt sie Lisa Wilhelms zum Eintragen.

Die Auszubildenden müssen danach den Grund, warum diese Belastungsanzeige geschrieben wird und die ausführliche und genaue Begründung bzw. Erklärung eintragen. Dieses ist wichtig, damit die bearbeitende Person sehen kann, ob die Belastungsanzeige berechtigt ist.

Um den noch ausstehenden Belastungsbetrag auszurechnen, nimmt Franz Meier die Eingangsrechnung und rechnet den Betrag aus. Dieses geschieht, wenn nötig, mithilfe eines Taschenrechners. Die berechneten Daten gibt er an Lisa Wilhelms zur Niederschrift weiter. Den Betrag auszurechnen ist wichtig, damit wir wissen, welcher Schaden uns entstanden ist und was für ein Betrag uns laut dieser Reklamation zusteht.

Die Ausbilderin geht bei den letzten beiden Schritten fragend-entwickelnd vor und bezieht die Auszubildenden so noch mehr in die Unterweisung mit ein.

Zum Schluss gibt Franz Meier die Anschrift des Lieferanten von der Eingangsrechnung zur Niederschrift an Lisa Wilhelms weiter. Diese ist wichtig, damit die bearbeitende Person weiß, auf welchen Lieferanten sie sich beziehen muss.

6.4 Nachmachen und erklären lassen

Die Ausbilderin fordert die beiden Auszubildenden auf, in getauschten Rollen anhand eines anderen Beispiels eine Belastungsanzeige auszufüllen und jeden Schritt, den sie ausführen, zu erklären und zu begründen.

Die Auszubildenden sollen sich gegenseitig unterstützen.

Bei diesem Schritt kann die Ausbilderin feststellen, ob die Auszubildenden den Sinn der Tätigkeit verstanden haben. Sie gibt bei Problemen Hilfestellung und kann sofort bei auftretenden Fehlern eingreifen und korrigieren. Dieses geschieht mit gezielten Fragestellungen.

Wenn die Ausbilderin erkennt, dass die Auszubildenden die einzelnen Schritte verstanden haben, lobt sie sie. Lob motiviert die Auszubildenden und gibt Selbstsicherheit.

6.5 Selbstständiges Ausführen und Üben

Die Ausbilderin erklärt den Auszubildenden, dass sich das eben Erlernte nur durch wiederholtes Üben festigen lässt. Sie gibt ihnen neue Beispiele, nach denen sie eine Belastungsanzeige ausfüllen und ihre gerade erworbenen Kenntnisse und Fähigkeiten erneut anwenden können. Dieses fördert die Selbstständigkeit und Selbstsicherheit.

Die Ausbilderin hält sich im Hintergrund und gibt nur wenn es nötig ist Hilfestellung.

6.6 Abschluss

Zum Abschluss weist die Ausbilderin die Auszubildenden auf die nächste Unterweisungseinheit „Versenden der Belastungsanzeige per Fax“ hin.

Sie bedankt sich bei den Auszubildenden für ihre Aufmerksamkeit und engagierte Mitarbeit und erinnert sie daran, die neu erworbenen Tätigkeiten in ihrem Ausbildungsnachweisheft festzuhalten.

4.5.1 Hinweise, Kritik und Verbesserungsvorschläge

- Titelblatt, Informationsblatt sowie Inhaltsverzeichnis geben einen guten ersten Eindruck zum Prüfling und der Struktur der vorliegenden Unterweisung.
- Die Einführung, besonders der Punkt 1.4 *Einordnung der Unterweisung* ist gut dargestellt.
- Die Lernziele unter 2.1 bis 2.3 sind klar formuliert und durchaus ausreichend, es dürfen hier aber auch ein bis zwei Sätze mehr sein.
- Dass das genannte affektive Lernziel durch eine Begründung gestützt wird, ist sinnvoll.
- Der Punkt 2.3.4 *Operationalisierung* fasst noch einmal zusammen, unter Erfüllung welcher Voraussetzungen die Ausbildungseinheit erfolgreich abgeschlossen wurde. Dies ist sinnvoll, da anhand der Operationalisierung überprüft werden kann, ob das Ziel der Ausbildungseinheit erreicht wurde oder ob das Thema ggf. noch vertieft werden muss.
- Die Schlüsselqualifikationen/Kompetenzen unter Punkt 3 sind gut herausgearbeitet.
- Die Begründung zur Methodenwahl (siehe Punkt 6.1) erklärt, warum die Durchführung einer Unterweisung nach der Vier-Stufen-Methode geeignet sein kann.
- Die einzelnen Erläuterungen zur Durchführung der Unterweisung unter Punkt 6 sind ausführlich geschildert.

Insgesamt handelt es sich hierbei um eine sehr gute schriftliche Ausarbeitung der Unterweisungseinheit.

4.5.2 Fragen, die sich für das Prüfungsgespräch ergeben können

1. Warum haben Sie sich für die Vier-Stufen-Methode entschieden?
2. Hätten sich auch andere Methoden zur Durchführung Ihrer Ausbildungssituation geeignet? Wenn ja, welche? Wenn nein, warum nicht?
3. Um welche Unterweisungsmethode handelt es sich bei der von Ihnen gewählten und was kennzeichnet diese Unterweisungsform?
4. Aus welchem Grund ist die Durchführung einer Adressatenanalyse wichtig?
5. Erläutern Sie bitte den Begriff „Fachkompetenz" in Bezug auf Ihren (Ausbildungs-)Beruf.
6. Hätten Sie auch einen anderen Ort zur Durchführung der Unterweisung wählen können? Wäre ein anderer Ort weniger geeignet/geeigneter als der gewählte? (Begründung?)
7. Sie stellen fest, dass die geplanten 20 Minuten für die Unterweisung nicht ausreichen. Wie gehen Sie weiter vor?
8. Ihr Auszubildender taucht zu spät zur anberaumten Unterweisungseinheit auf, wie gehen Sie weiter vor?
9. Sie merken während Ihrer Unterweisung, dass Ihr Auszubildender gedanklich abschweift und nicht richtig bei der Sache ist. Wie verhalten Sie sich?

4.6 Ausfüllen einer Reparaturkostenübernahmeerklärung (Vier-Stufen-Methode; Automobilkaufmann/-frau)

Ausbildereignungsprüfung am 05. Februar XXXX

Unterweisungsprobe vor dem Prüfungsausschuss
der Industrie- und Handelskammer

Ausfüllen einer Reparaturkostenübernahmeerklärung (RKÜ)
(Kaskoschaden)

Prüfungsteilnehmer/in:	Marita Schmidt
Anschrift:	Senatorstraße 49 49716 Meppen
Ausbildungsberuf:	Automobilkaufmann/-frau
Unterweisungsmethode:	Vier-Stufen-Methode
Dauer:	ca. 15 - 20 Minuten
Anzahl der Auszubildenden:	1 Auszubildender
Ausbildungsstand:	2. Ausbildungsjahr, 1. Halbjahr

Erklärung des Prüfungsteilnehmers/der Prüfungsteilnehmerin:

Hiermit versichere ich, dass ich die Ausbildungseinheit im Wesentlichen selbstständig ausgewählt und gestaltet habe.

....
(Ort, Datum, Unterschrift des Prüfungsteilnehmers/der Prüfungsteilnehmerin)

Vorbemerkungen

Ausbildungsbetrieb

Die Schickes Auto GmbH mit ihrer Filiale in Meppen ist ein Ausbildungsbetrieb für Automobilkauffrauen/-männer. Als Autohaus widmet sich die GmbH dem Verkauf von Neu- und Gebrauchtfahrzeugen, dem Verkauf von Zubehör und Ersatzteilen, sowie der Wartung und Reparatur von Pkws.

Einordnung der Ausbildungseinheit in die Ausbildungsordnung

In Übereinstimmung mit der Verordnung über die Berufsausbildung zum Automobilkaufmann/zur Automobilkauffrau vom 26. Mai 1998 (§ 3 Abs. 1 Nr. 6.1) werden dem/der Auszubildenden Fertigkeiten im Bereich „zusätzliche Serviceleistungen" vermittelt. Hierzu gehört auch das Ausfüllen einer Reparaturkostenübernahmeerklärung.

Adressatenanalyse/Lernort

Der/Die Auszubildende ist 18 Jahre alt und hat durch den erfolgreichen Abschluss der Berufsfachschule Wirtschaft den Sekundärabschluss 1 erworben. Er/Sie befindet sich im „Service" (Kundendienst). Er/Sie hat sich bei vorangegangen Unterweisungseinheiten als aufmerksam und lernbereit erwiesen.

Methodenwahl/Handlungsziel

Die Ausbilderin hat für diese Ausbildungseinheit die Vier-Stufen-Methode gewählt. Der/Die Auszubildende erhält dadurch, zu den bereits erworbenen Grundkenntnissen über die Abwicklung von Versicherungsschäden an Kundenfahrzeugen, tiefergreifende Kenntnisse und die Unterweisung motiviert den/die Auszubildende(n), die neu erworbenen Kenntnisse im unmittelbaren Kundenkontakt anzuwenden.

Ausbildungsmittel

- PC/Laptop
- Download Formular „RKÜ"
- Notizblock
- Stift/Textmarker
- Muster-Formular „RKÜ"
- Beispielaufgaben

Lernziele

Richtlernziele

Der/Die Auszubildende soll gemäß § 3 Abs. 1 der Ausbildungsverordnung in allen Bereichen der Serviceleistungen des Ausbildungsbetriebes unterwiesen werden.

Das zu vermittelnde Groblernziel „zusätzliche Serviceleistungen anbieten" bezieht sich auf § 3 Abs. 1 Nr. 6.1 der Ausbildungsverordnung (Nr. 6.1 g Ausbildungsrahmenplan).

Lfd. Nr.	Teil des Ausbildungsberufsbildes	Zu vermittelnde Fertigkeiten und Kenntnisse
1	2	3
6.1	Kundendienst (§ 3 Abs. 1 Nr. 6.1)	a) Beitrag des Kundendienstes zum Kundennutzen und zum wirtschaftlichen Erfolg begründen b) Aufträge im Zusammenwirken mit dem Kunden formulieren und werkstattgerecht codieren c) Kostenvoranschläge erstellen d) Werkstattaufträge einplanen und überwachen e) bei der Planung zur Auslastung der Werkstatt mitwirken f) Reparatur- und Verkaufsabrechnungen erstellen und dem Kunden erläutern **g) zusätzliche Serviceleistungen anbieten** h) zeitwertgerechte Reparaturpreise anbieten, Bezugsmöglichkeiten für gebrauchte Teile ermitteln

Feinlernziel

Kasko- und Haftpflichtschäden sollen von dem/der Auszubildenden unterschieden werden können. Ferner soll der/die Auszubildende in der Lage sein, das Formular selbstständig auszufüllen und sich die nötigen Informationen zu beschaffen.

Lernzielbereiche

Kognitiv

- Der/Die Auszubildende versteht die Notwendigkeit einer Reparaturkostenübernahmeerklärung.
- Der/Die Auszubildende erkennt die Zusammenhänge und achtet auf Vollständigkeit der Daten beim Ausfüllen der Reparaturkostenübernahmeerklärung
- Der/Die Auszubildende ist fähig, selbstständig die nötigen Informationen zu besorgen.

Affektiv

Der/Die Auszubildende ist sich der Wichtigkeit der Sorgfalt und Vollständigkeit beim Ausfüllen des Formulars bewusst.

Psychomotorisch

Der/Die Auszubildende ist in der Lage das Ausfüllen des Formulars nachzuahmen.

Schlüsselqualifikationen

Die gewünschte Fachkompetenz wird durch diese Ausbildungseinheit dadurch gefördert, dass dem/der Auszubildenden das erforderliche Grundwissen für das Ausfüllen einer „RKÜ" für einen Kaskoschaden vermittelt wird, welches dem/der Auszubildenden wiederum die Möglichkeit gibt, dieses Fachwissen selbstständig im Umgang mit dem Kunden anzuwenden.

Ferner wird durch das nötigenfalls selbstständige Erarbeiten von fehlenden Daten/ Informationen die Methodenkompetenz des/der Auszubildenden gefördert. Da diese Ausbildungseinheit die Grundlage für weitere Ausbildungseinheiten (bspw. RKÜ Haftpflichtschäden) bildet, wird dadurch langsam der Schwierigkeitsgrad erhöht, wodurch dem/der Auszubildenden die Möglichkeit gegeben wird, gestellte Aufgaben in Teilschritte zu zerlegen.

Dadurch, dass dem/der Auszubildenden im Folgenden Aufgaben übertragen werden können, die von ihm/ihr selbstständig gelöst werden, wird sowohl sein/ihr Selbstbewusstsein gestärkt, als auch ein Gefühl der Teamzugehörigkeit gefördert und somit ein Beitrag zur Förderung der Sozialkompetenz des/der Auszubildenden geleistet.

Prinzipien der Ausbildung

Praxisnähe

Da diese Ausbildungseinheit tatsächlich in der täglichen Arbeit vorkommende Fälle beschreibt und Original-Formulare verwendet werden, wird das Prinzip der Praxisnähe berücksichtigt.

Fasslichkeit

Durch die Zergliederung der Ausbildungseinheit in für den Auszubildenden/die Auszubildende nachvollziehbare Schritte wird diesem Prinzip entsprochen.

Erfolgssicherung

Durch das Erläutern des eigenen Vorgehens in der 3. Stufe und das Üben und selbstständige Lösen von neuen Fällen in der 4. Stufe wird das Wissen gefestigt und der Lernerfolg gesichert.

Unterweisung

Ablauf der Unterweisung

Stufe 1: Vorbereitung und Motivation

Die Ausbildungseinheit findet am Arbeitsplatz des/der Auszubildenden statt, wobei die Ausbilderin die nötigen Arbeitsmittel und Beispielaufgaben vorbereitet. Die Ausbilderin erläutert das Thema der Unterweisung und knüpft an bereits erworbene Grundkenntnisse des/der Auszubildenden an. Motivierend für den Auszubildenden/die Auszubildende ist, dass er/sie den Zusammenhang seiner/ihrer Tätigkeit mit den weiteren Betriebsabläufen erkennt (z. B. die interne Abwicklung und die Abwicklung mit der Versicherung) und die Grundlage für die nächste Ausbildungseinheit gelegt wird (RKÜ für Haftpflichtschäden).

Stufe 2: Vormachen und Erklären

Die Ausbilderin erläutert beim Ausfüllen der RKÜ anhand einer Beispielaufgabe ihr Vorgehen und stellt dem/der Auszubildenden Zwischenfragen, um festzustellen, ob das Tempo für den Auszubildenden/die Auszubildende angemessen ist und alles verstanden wird. Umgekehrt wird dem/der Auszubildenden auch die Möglichkeit gegeben, Fragen zu stellen. Außerdem ermuntert die Ausbilderin dazu, sinnvolle Notizen zu machen und das Gezeigte hinterher möglichst selbstständig nachzumachen.

Stufe 3: Nachmachen und Erläutern

Der/Die Auszubildende wird nun anhand einer neuen Beispielaufgabe das Erlernte selbst anwenden und beim Ausfüllen der RKÜ erläutern, welche Felder er/sie ausfüllt und warum. Die Ausbilderin kann dadurch feststellen, ob der/die Auszubildende nur nachahmt oder den Vorgang wirklich verstanden hat. Für auftretende Fragen steht die Ausbilderin jederzeit zur Verfügung.

Stufe 4: Üben

Die Ausbilderin festigt durch Stellen einer erneuten Beispielaufgabe das neu erworbene Wissen und gibt dem/der Auszubildenden dadurch das nötige Selbstvertrauen, das Erlernte im Kundenkontakt anzuwenden. Für evtl. auftretende Fragen steht die Ausbilderin auch hierbei zur Verfügung.

Abschluss der Unterweisung

Die Ausbilderin bedankt sich für die Aufmerksamkeit und Mitarbeit des/der Auszubildenden und weist diese(n) auf die nächste Ausbildungseinheit hin. Sie bittet ihn/sie, die Ausbildungseinheit in seinem/ihrem Ausbildungsnachweis festzuhalten.

Lernerfolgskontrolle

Der/Die Auszubildende füllt eigenständig im Kundenkontakt eine RKÜ aus und legt diese der Ausbilderin zwecks abschließender Kontrolle vor, bevor diese zur Versicherung weitergeleitet wird.

Anhang

- Autofahrer ist selbst Auftraggeber im Verhältnis zu seinem Kfz-Betrieb und somit grundsätzlich auch zur Zahlung der Reparaturkosten an die Werkstatt verpflichtet.
- Werkstatt Schadensmeldung an den Versicherer und Durchsetzung der Forderung
- Interesse daran, dass die gesamten Reparaturkosten durch den gegnerischen Versicherer direkt an ihn gezahlt werden. Um dies zu erreichen, muss jedoch der Kunde der Werkstatt die Versicherung anweisen, die Reparaturkosten direkt an die Werkstatt zu zahlen oder aber er muss den Anspruch auf Erstattung der Reparaturkosten an die Werkstatt abtreten.
- Abtretung verbunden mit einer Reparaturkostenübernahmebestätigung, wonach der Versicherer prüft, ob überhaupt eine Haftung gegeben ist.
- erfüllungshalber: d. h. mit der Unterzeichnung der Abtretung ist der Reparaturbetrieb Inhaber der Forderung gegenüber dem regulierungspflichtigen Versicherer. Die neue Abtretung erfüllungshalber ermöglicht es, ohne belastende Mahnung des Kunden den Anspruch unmittelbar gegenüber dem Versicherer geltend zu machen. Lehnt der Versicherer eine Zahlung ab, kann der Kfz-Betrieb unmittelbar gegen den Versicherer vorgehen. Gleichwohl verbleibt ihm jedoch auch die Möglichkeit gegenüber dem eigenen Kunden, den Anspruch geltend zu machen. Dies ist insbesondere dort von Bedeutung, wo sich eine Haftungsquote (Teilschuld) herausstellt.
- gilt für direkt entstandene Kosten des Reparaturbetriebs
- Zahlungsanweisung: für Kosten bzw. Schadenersatzansprüche des Kunden, die an den Reparaturbetrieb gezahlt werden sollen
- Vorsteuerabzugsberechtigung: Unternehmen macht MwSt. bei Eingangsrechnungen geltend und bekommt diese vom Finanzamt zurückerstattet
- Kasko: freiwillige Versicherung (<-> Haftpflicht)

  TK: Unwetter, Wild, Glas ... nicht durch Unfall entstanden

  VK: TK + selbstverschuldete Unfälle, Vandalismus, Fahrerflucht

4.6.1 Hinweise, Kritik und Verbesserungsvorschläge

- Eine Gliederung oder Inhaltsangabe wäre empfehlenswert, um einen ersten Überblick über die Inhalte der Unterweisung zu ermöglichen.
- Die genaue Einordnung des Groblernziels unter Bezugnahme auf den Ausbildungsrahmenplan ist gut gelungen und anhand der Tabelle übersichtlich herausgearbeitet. Durch den Fettdruck ist der betreffende Punkt leicht zu finden.
- Die affektiven und psychomotorischen Ziele können um ein bis zwei Punkte ergänzt werden.
- Die Schlüsselqualifikationen sind sehr gut dargelegt.

4.6.2 Fragen, die sich für das Prüfungsgespräch ergeben können

1. Warum haben Sie sich für die Vier-Stufen-Methode entschieden?
2. Hätten sich auch andere Methoden zur Durchführung Ihrer Ausbildungssituation geeignet? Wenn ja, welche? Wenn nein, warum nicht?
3. Um welche Unterweisungsmethode handelt es sich bei der von Ihnen gewählten und was kennzeichnet diese Unterweisungsform?
4. Ist Ihre Unterweisung thematisch dazu geeignet, sie auch mit mehreren Auszubildenden gleichzeitig durchzuführen? Begründung?
5. Hätte sich Ihr Auszubildender die Inhalte der Unterweisung auch selbst erarbeiten können? Begründung?
6. Nennen Sie bitte zwei weitere Groblernziele aus Ihrem Ausbildungsbereich.
7. Halten Sie den Schwierigkeitsgrad Ihrer Unterweisungseinheit für angemessen? Begründung?
8. Ihr Auszubildender bearbeitet die Reparaturkostenübernahmeerklärungen im Anschluss an Ihre Unterweisung eigenständig. Nach einiger Zeit stellt sich heraus, dass er in einigen Reparaturkostenübernahmeerklärungen falsche Daten angegeben hat. Wie gehen Sie weiter vor?

4.7 Durchführung einer Paketannahme (Vier-Stufen-Methode; Fachkraft für Lagerlogistik)

Ausbildereignungsprüfung
vor der IHK

Praktische Prüfung nach § 3 AEVO

Planung der praktischen Durchführung einer Ausbildungseinheit (AE)

Prüfling:	Jonas Korte Bürgermeisterweg 7 49733 Haren
Thema der Unterweisung:	**Durchführung einer Paketannahme**
Tag der Prüfung:	03. Februar XXXX
Ort der Prüfung:	IHK Trompetenweg 16 49733 Haren
Ausbildungsberuf:	Fachkraft für Lagerlogistik
Anzahl der Auszubildenden:	ein Auszubildender
Ausbildungsort:	Schornsteintechnik Berting (Haren)
Dauer der Unterweisung:	ca. 15 - 20 Minuten
Angewandte Methode:	Vier-Stufen-Methode
Verwendete Arbeitsmittel:	Kugelschreiber, Cuttermesser, Vorlage Warenannahme, Pakete, Lieferschein
Anzahl der Seiten	8 Seiten (ohne Anhang)

Eidesstattliche Erklärung

Hiermit erkläre ich, dass ich diese Unterweisung selbstständig und nur unter Verwendung der angegebenen Hilfsmittel und Literatur erstellt habe.

____________________	____________________
Ort, Datum	Unterschrift

Inhaltsverzeichnis

1 Vorbemerkung

1.1 Ausbildungsbetrieb

Die Firma Berting fertigt u. a. Schornsteinsysteme aus Edelstahl. Der Betrieb hat seinen Hauptsitz in Haren und beschäftigt 90 Mitarbeiterinnen und Mitarbeiter*. Die Unterweisung findet im Lagerbereich statt, hier sind sieben Mitarbeiter, darunter zwei Auszubildende, beschäftigt.

Die Berufsausbildung erfolgt nach der Verordnung über die Berufsausbildung im Lagerbereich „Fachkraft für Lagerlogistik" vom 26. Juli 2004 (§ 11 Nr. 8).

1.2 Der Ausbilder

Bereits seit dem 01.08.1995 bin ich bei der Fa. Berting beschäftigt. Zunächst absolvierte ich dort meine Ausbildung, bevor ich in das Angestelltenverhältnis übernommen wurde. Zu meinen hauptsächlichen Aufgaben zählen die Warenannahme, die Warenbeschaffung und die Verwaltung des Lagerbestandes.

1.3 Thema der Unterweisung

Der Auszubildende wird im Betrieb täglich mit der Annahme von Paketen konfrontiert.

1.4 Ausbildungsort

Die Ausbildung findet hauptsächlich im Lager des Betriebes statt. Für die heutige Unterweisung wird der Wareneingangsbereich des Lagers genutzt.

1.5 Ausbildungsmittel

Cuttermesser, Kugelschreiber, Vorlage Warenannahme Fa. Berting, Paket mit Lieferschein, Pakete, Schreibblock

2 Fachliche Analyse

2.1 Ausgangssituation und Adressatenanalyse

Der Auszubildende ist seit dem 01.08.2009 bei der Fa. Berting beschäftigt und hat seine Probezeit bereits beendet. Der Auszubildende hat schon Kenntnisse im Bereich des Gesundheitsschutzes sowie der Produktpalette des Betriebes. Bei der Vermittlung von Arbeitsschritten hat der Auszubildende bisher einen motivierten Eindruck hinterlassen.

* Im Folgenden wird statt „Mitarbeiterinnen und Mitarbeitern" vereinfacht die Bezeichnung „Mitarbeiter" verwendet, um den Lesefluss zu verbessern. Die weibliche Form ist aber stets mit eingeschlossen. Die Wortwahl kennzeichnet keine Wertung.

3 Didaktische Analyse

Um den Auszubildenden die Möglichkeit zu bieten, aktiv bei den täglichen Arbeitsabläufen mitzuwirken, werden ihm die Aufgaben in Teilschritten genau erklärt. Der Auszubildende lernt, bei der Warenannahme die ordnungsgemäße Kontrolle und das Herausfiltern der Daten selbstständig durchzuführen. Darauf aufbauend wird er in Zukunft lernen, was nach dieser sachgemäßen Durchführung mit der Ware passiert, wenn z. B. Mängel auftreten, welcher Abteilung die Ware zugehörig ist und welche Maßnahmen bei etwaigen Transportschäden ergriffen werden müssen.

4 Lernziele

4.1 Lernziele nach dem Detaillierungsgrad

- **Richtlernziel:** Dem Auszubildenden sollen die Fertigkeiten und Kenntnisse der Warenannahme vermittelt werden (nach § 11 Nr. 8).
- **Groblernziel:** Der Auszubildende soll den Eingang von Paketen den Abteilungen zuordnen und ggf. kontrollieren.
- **Feinlernziele:** Der Auszubildende soll ...

  ... den Lieferanten begrüßen

  ... die Adresse überprüfen

  ... das Paket auf die äußere Beschaffenheit überprüfen

  ... dem Lieferanten den Eingang quittieren

  ... ggf. Mängel vermerken

  ... das Paket ordnungsgemäß öffnen

  ... den Lieferschein entnehmen

  ... die Lieferungen den Abteilungen zuordnen

  ... den Inhalt auf seine Beschaffenheit überprüfen und mit dem vorliegenden Lieferschein vergleichen, unterschreiben und weiterleiten (bei Bestimmung für den Lagerbereich)

  ... bei etwaigen Mängeln den weiteren Verlauf kennen lernen.

4.2 Lernziele nach Lernbereichen

- **Kognitive Lernziele**
  Der Auszubildende soll die Ware unter Berücksichtigung der Kontrollpunkte annehmen und die wichtigen Daten und Kennzeichnungen der Wareneingänge bearbeiten.
- **Affektive Lernziele**
  Der Auszubildende soll die Ware freundlich vom Lieferanten/Paketdienstfahrer entgegennehmen und bei Problemen den Ausbilder, Ausbildungsbeauftragten oder einen Mitarbeiter um Hilfe bitten.

- **Psychomotorische Lernziele**
  Entsprechende Daten und Kennzeichnungen anhand der Vorlage für Lieferscheine (Warenannahme Fa. Berting) vergleichen. Auf die Unfallverhütungsvorschriften achten (z. B. Arbeit mit dem Cuttermesser).

4.3 Angestrebte Schlüsselqualifikationen

- **Handlungskompetenz**
  Der Auszubildende soll den Ablauf einer Annahme von Paketen erlernen.
- **Fachkompetenz**
  Der Auszubildende soll die Voraussetzungen für die Annahme von Paketen beachten, die äußere und innere Prüfung lernen und Schritte bei der Warenannahme erarbeiten.
- **Methodenkompetenz**
  Der Auszubildende soll mithilfe der Vier-Stufen-Methode seine Arbeitsorganisation gestalten und zum selbstständigen Handeln angeregt werden. Durch die Vier-Stufen-Methode (besonders durch Stufe 3 und 4) soll der Auszubildende eine an der Praxis orientierte Ausbildung erhalten.
- **Sozialkompetenz**
  Der Auszubildende soll zuverlässig und verantwortungsbewusst handeln sowie im Umgang mit Mitarbeitern und Lieferanten trainiert werden.

5 Ablauf der Unterweisung

5.1 1. Stufe

- **Vorbereitung, Vorstellung und Motivation des Themas**

  Der Ausbilder bereitet die benötigten Arbeitsmaterialien und den Arbeitsplatz vor.

  - Begrüßung untereinander und Anredeformen klären
  - Thema nennen: Warenannahme/Paketannahme
  - Ziele nennen: äußere Prüfung einer Warensendung und selbstständiges Herausfiltern der Daten.

5.2 2. Stufe

- **Vormachen und Erklären der einzelnen Arbeitsschritte**

  Der Ausbilder hat den Arbeitsablauf untergliedert und führt nun alle Arbeitsgänge der Reihe nach vor. Er erläutert jeden Teilschritt eingehend und versucht diese für den Auszubildenden verständlich zu machen. Der Auszubildende nimmt in dieser Stufe eine Beobachterrolle ein. Damit es ihm nicht langweilig wird, kann der Ausbilder zwischendurch Fragen stellen oder darauf hinweisen, dass er sich Stichpunkte machen sollte.

  - Bereitlegung der Vorlage (Warenannahme der Fa. Berting)
  - den groben Aufbau der Unterlagen erklären

- die Daten herausfiltern, die für die Prüfung der Warensendung notwendig sind und diese dem Auszubildenden ebenfalls mitteilen und erläutern
- Anschrift des Empfängers überprüfen
- Paket auf äußere Mängel prüfen und gegebenenfalls beim Lieferanten vermerken
- Paket vorsichtig mit Cuttermesser öffnen
- Lieferschein entnehmen und mit dem Absender auf dem Paket vergleichen
- Prüfen, für welche Abteilung das Paket bestimmt ist anhand der Bestellnummer mithilfe der Vorlage (Warenannahme Fa. Berting) vergleichen
- Wenn das Paket für das Lager bestimmt sein sollte, bitte Lieferschein mit Inhalt vergleichen und auf dem Lieferschein unterschreiben. Fehlmengen auf dem Lieferschein vermerken und an den Einkauf weiterleiten.
- Lieferschein in die Postablage legen, wenn alles korrekt geliefert wurde.

5.3 3. Stufe

► **Nachmachen und durch den Auszubildenden erklären lassen**

Bei dieser Stufe übernimmt der Ausbilder die Rolle des Beobachters. Der Auszubildende soll nun die Schritte aus Stufe 2 nachmachen und erläutern bzw. erklären. Der Ausbilder korrigiert, wenn nötig, auftretende Fehler. Durch das Nachmachen des Auszubildenden kann der Ausbilder feststellen, ob der Lernstoff auch tatsächlich verstanden wurde. Zudem wird der Lern- und Merkeffekt beim Auszubildenden noch verstärkt. Motivation kann durch gezieltes Loben verstärkt werden.

- zusammen ein Fallbeispiel durchgehen
- Lieferschein vergleichen
- der Ausbilder beobachtet und korrigiert Fehler.

5.4 4. Stufe

► **Üben und selbstständiges Anwenden der Arbeitsschritte**

Durch Üben und selbstständiges Anwenden sollte sich eine gewisse Routine beim Lösen der Aufgaben ergeben. Die Motivation soll neben der Beobachtung und Beurteilung auch durch Lob und Anerkennung des Ausbilders steigen.

- späteres Wiederholen bzw. Übungsaufgaben zur Bearbeitung geben
- weitere Hilfestellung bei Problemen geben
- Beurteilung von beiden Seiten
- Erkennen des eigenen Erfolges des Auszubildenden
- Lob und Anerkennung aussprechen
- Beendigung der Unterweisung durch Zusammenfassung
- den Auszubildenden an die Eintragung dieser Unterweisung in das Berichtsheft erinnern.

6 Abschluss

6.1 Beendigung der Unterweisung und abschließende Worte

Der Ausbilder beendet die Unterweisung, bedankt sich bei dem Auszubildenden und wünscht weiterhin viel Spaß und Erfolg bei der Ausbildung.

7 Literaturverzeichnis

Verordnung über die Berufsausbildung im Lagerbereich, Fachkraft für Lagerlogistik, nebst Rahmenlehrplan, Wirtschaft, Bildung, Verwaltung: 26.07.2004.

Skript zur Vorbereitung auf die Ausbildereignungsprüfung.

8 Anhang/Anlagen

- Auszüge aus der Ausbildungsverordnung für die Berufsausbildung zur Fachkraft für Lagerlogistik
- Paketaufkleber
- Lieferschein
- Vorlage (Warenannahme Fa. Berting)

Wichtige Punkte zur Warenannahme der Fa. Berting:

✓ **Pakete auf richtige Adresse prüfen**

✓ **Pakete auf äußere Beschaffenheit prüfen (Verpackung beschädigt?)**

✓ **Sollte das Paket beschädigt sein, bitte sofort beim Übermittler vermerken lassen.**

✓ **Pakete öffnen und anhand unserer Bestellnummer der Abteilung zuordnen**

Es gibt folgende Abteilungen:

1. Lager	Bestellnummer: 500...
2. Büro/Verwaltung	Bestellnummer: 200 ...
3. Werkstatt/Lager	Bestellnummer: 300 ...
4. Maschinenbau/Instandhaltung	Bestellnummer: 100 ...

✓ **Sollte das Paket für das Lager bestimmt sein, den Lieferschein mit der Ware auf der Verpackung vergleichen, die Vollständigkeit und mögliche Mängel prüfen.**

✓ **Bei Mängeln oder Fehlmengen bitte auf dem Lieferschein notieren und vermerken und an den Einkauf weiterleiten.**

✓ **Jeder Lieferschein muss von der Person der Warenannahme unterschrieben werden.**

4.7.1 Hinweise, Kritik und Verbesserungsvorschläge

- Die Gesamtgestaltung der schriftlichen Unterweisung ist sehr gut gelungen, sehr ausführlich und verständlich formuliert. Die Erläuterung der einzelnen Schritte sowie die Angabe der Ziele scheinen plausibel.
- Die Punkte (siehe z. B. Punkt 1.5 und Punkt 2.1) haben nicht die gleiche Formatierung wie die anderen Überschriften dieser Ebene, diese sollte einheitlich sein. Ebenso sollte die Formatierung der einzelnen Punkte innerhalb der schriftlichen Ausarbeitung mit der des Inhaltsverzeichnisses übereinstimmen.
- Auf dem Deckblatt ist von einem Auszubildenden die Rede, innerhalb der didaktischen Analyse (Punkt 3) wird im ersten Satz sowohl von „den Auszubildenden" als auch „ihm" geschrieben. Achten Sie daher innerhalb Ihrer Unterweisung stets darauf, für wie viele Auszubildende Sie sich zu Beginn des Schreibens entschieden haben.
- Unter Punkt 5.1 kann zur Eingliederung des Unterweisungsthemas in den Gesamtkontext der Ausbildung sowie zur Motivation des Auszubildenden ggf. noch eine mögliche vorherige sowie eine sich an die jetzige Unterweisung anschließende Ausbildungseinheit thematisch benannt werden. Beispielsweise als ergänzendes Ziel: Diese Ausbildungseinheit dient als Grundlage für die nächste Ausbildungseinheit mit dem Thema ...
- Am Ende der Unterweisung fehlt noch die Tabelle mit den zugehörigen Zeitangaben für die jeweiligen Schritte der Ausbildungseinheit. Diese sollte unbedingt Bestandteil der schriftlichen Unterweisungsprobe sein.

4.7.2 Fragen, die sich für das Prüfungsgespräch ergeben können

1. Warum haben Sie sich für die Vier-Stufen-Methode entschieden?
2. Hätten sich auch andere Methoden zur Durchführung Ihrer Ausbildungssituation geeignet? Wenn ja, welche? Wenn nein, warum nicht?
3. Um welche Unterweisungsmethode handelt es sich bei der von Ihnen gewählten und was kennzeichnet diese Unterweisungsform?
4. Für die Durchführung Ihrer Unterweisung wird u. a. ein Cuttermesser benötigt. Muss Ihr Auszubildender vor Benutzung dieses Messers bzw. vor der Durchführung Ihrer Unterweisung über Sicherheitsmaßnahmen aufgeklärt werden? Begründung?
5. Erläutern Sie bitte eine Methode/Möglichkeit, Ihre Auszubildenden aktiv bei den täglichen Arbeitsabläufen in Ihrem Betrieb mitwirken zu lassen.
6. Unterscheiden Sie bitte kognitive und affektive Lernziele.
7. Warum ist es wichtig, dass Ihre Auszubildenden Sozialkompetenz entwickeln?
8. Halten Sie den Schwierigkeitsgrad Ihrer Unterweisung für einen Auszubildenden im ersten Lehrjahr für angemessen? Begründung?
9. Ist die Durchführung Ihrer Unterweisung nach Ihren Vorstellungen abgelaufen? Was hätten Sie anders machen können/wollen?

INFO

Die Frage, ob die Durchführung der Unterweisung nach den eigenen Vorstellungen ablief oder Sie etwas hätten anders machen können, ist nicht als „Fangfrage" zu werten.

Die Prüfer möchten hier feststellen, ob Sie zur Selbstreflexion fähig sind und wie Ihr eigenes Gefühl zur durchgeführten Ausbildungssituation ist. Antworten Sie auf diese Frage ehrlich und selbstkritisch, machen Sie sich jedoch nicht selbst schlecht, sondern bleiben Sie realistisch – es ist normal, dass nicht immer alles läuft wie geplant.

Sie können z. B. antworten:

„Beim nächsten Mal nehme ich mir noch 10 - 15 Minuten mehr Zeit, da ich denke, auf x oder y sollte ich noch etwas genauer eingehen, damit mein Auszubildender diesen Sachverhalt auch ganz sicher nachvollziehen kann."

oder

„Es ist alles in etwa so gelaufen, wie ich es mir vorgestellt habe. Mein Auszubildender hat das Ziel der Unterweisung erreicht, er kann jetzt selbstständig xy. Ich habe zwar etwas schnell gesprochen, aber das liegt an meiner heutigen Aufregung und legt sich mit den nächsten Unterweisungen."

oder

„Als der Auszubildende nicht gleich verstanden hat, worauf ich hinauswollte, wurde ich schon ziemlich nervös. Ich bin dann etwas von meiner eigentlichen Planung abgewichen und habe die Durchführung anders erklärt, sodass er jeden Schritt nachvollziehen konnte. So entspricht es zwar nicht ganz der Durchführung, die ich schriftlich festgelegt hatte, aber die Hauptsache ist, der Auszubildende hat alles verstanden – das ist schließlich das Ziel des Ausbilders. Und nicht, unter allen Umständen den eigenen Weg bzw. die eigene Methode der Unterweisung durchsetzen zu wollen."

Mit solchen und ähnlichen Antworten zeigen Sie, dass Sie wahrgenommen haben, was für Schwierigkeiten Sie selbst hatten oder Ihr Auszubildender während der Unterweisungseinheit hatte und wie Sie dem entgegengewirkt haben oder gedenken, dem in Zukunft entgegenzuwirken.

4.8 Ansetzen einer Probe für die Gaschromatographie (Vier-Stufen-Methode; Chemielaborant/in)

Ausbildereignungsprüfung am 10. Januar XXXX

Unterweisungsprobe vor dem Prüfungsausschuss
der IHK

Ansetzen einer Probe für die Gaschromatographie (GC)

Prüfungsteilnehmer/in:	Jonas Korte
Anschrift:	Bürgermeisterweg 7 49733 Haren
Fachbereich:	Chemielaborant/in
Dauer:	ca. 40 Minuten
Anzahl der Auszubildenden:	2 Auszubildende

Erklärung des Prüfungsteilnehmers/der Prüfungsteilnehmerin:

Hiermit versichere ich, dass ich die Ausbildungseinheit im Wesentlichen selbstständig ausgewählt und gestaltet habe.

....

(Ort, Datum Unterschrift des Prüfungsteilnehmers/der Prüfungsteilnehmerin)

Formaler Teil

1 Thema

Ansetzen einer Probe für die Gaschromatographie.

2 Sachanalyse

Verdünnen und Vorbereiten einer Probe eines Flüssigkeitsgemisches.

3 Groblernziel

Der Auszubildende kennt das Ansetzen von Proben für die Gaschromatographie.

4 Feinlernziel

4.1 Kognitive Feinlernlernziele

- kann die Methode des Verdünnens von Flüssigkeiten verstehen
- versteht die einzelnen Arbeitsschritte beim Verdünnen und Vorbereiten von Proben und kann dieses verantwortungsvoll durchziehen
- kann die Anzeige einer Analysewaage verstehen

4.2 Psychomotorische Feinlernziele

- kann die zu analysierende Flüssigkeit richtig einwiegen
- kann einen Messkolben richtig mit Lösemittel befüllen
- kann die Probe richtig in ein Analysegefäß einfüllen

5 Begründung

Das Vereinen von Stoffen ist Bestandteil des Ausbildungsplans zum Beruf des Chemielaboranten gem. Lernfeld 1.

Den Auszubildenden ist der Umgang mit Pipetten und Glasgefäßen bekannt. In dieser Unterweisung soll das Einwiegen von Proben und deren Verdünnung mit Lösemitteln behandelt werden.

6 Ausgangssituation

Die zu unterweisenden Auszubildenden und ihre Vorkenntnisse

6.1

	Auszubildende/r 1	Auszubildende/r 2
Name	Lisa Meiners	Robert Faltmann
Alter	20	18
Geschlecht	weiblich	männlich
Schulbildung	Abitur	Realschulabschluss
Vorkenntnisse	Ausbildung zum Chemielaboranten 1. Lehrjahr	Ausbildung zum Chemielaboranten 1. Lehrjahr

6.2 Lernort

Die Unterweisung findet in dem Chemielabor der Fachhochschule in Haren statt. Die Auszubildenden finden hier alle benötigten Arbeitsmittel vor, die der Ausbilder vorher vorbereitet hat.

Ausbildungsmittel
- Einwegpipette
- 50 ml Pipette mit Pileusball
- Analysekolben 25 ml
- Dichlormethan
- Analysesubstanz
- Schutzbrille, Kittel, Einweghandschuhe
- Analysewaage
- Probengefäß

7 Unterweisungsdauer

Die Dauer der Unterweisung beträgt ca. 23 Minuten.

8 Unterweisungsmethode

Die Unterweisung erfolgt nach der Vier-Stufen-Methode, da diese besonders gut für psychomotorische Tätigkeiten, wie sie im Labor auftreten, geeignet ist. Die Auszubildenden werden sowohl praktisch als auch theoretisch geschult. Ein weiterer Vorteil ist, dass den Auszubildenden die Arbeit erst Schritt für Schritt vorgemacht und erklärt werden kann und sie die Arbeitsschritte dann später mehrfach wiederholen und üben können. Es ist vorteilhaft, wenn die Auszubildenden ihre Arbeitsschritte dem Ausbilder schildern, denn zum einen können sich die Auszubildenden die Arbeitsschritte so besser merken und zum anderen kann der Ausbilder überprüfen, ob die Auszubildenden alles verstanden haben. Besonders in chemischen Laboratorien ist dies von Bedeutung, da hier die Auszubildenden lernen, mit Gefahrstoffen umzugehen. Fehler beim Umgang mit diesen Stoffen könnten fatale Auswirkungen haben. Bei der Vier-Stufen-Methode kann der Ausbilder eingreifen, bevor es zu Unfällen kommt.

Inhaltlicher Teil

9 Unterweisung

9.1 Motivationsphase

Der Ausbilder wird sich, um aufkommende Fragen auch beantworten zu können, selber gut auf die Unterweisung vorbereiten und den Auszubildenden alle notwendigen Arbeitsmittel zur Verfügung stellen.

Zu Beginn führt der Ausbilder ein einleitendes Gespräch mit den Auszubildenden, um sie zu motivieren. Der Ausbilder begrüßt die Auszubildenden freundlich und versucht eine angenehme und spannungsfreie, lernfördernde Situation herzustellen. Er wird sich z. B. nach dem Befinden erkundigen und dann zu einem Überblick über das Thema der heutigen Unterweisung übergehen. Innerhalb dieser Phase wird der Ausbilder auch einen Bezug zu vorangegangenen Ausbildungssituationen/Tätigkeiten herstellen, um die Unterweisung in einen Zusammenhang einzuordnen und den Auszubildenden den Sinn der Unterweisung zu vermitteln.

Anschließend versucht der Ausbilder Vorkenntnisse festzustellen und gibt seinerseits einen Überblick der Grundlagen, die für die heutige Ausbildungssituation notwendig sind. Hierbei versichert er sich in regelmäßigen Abständen darüber, dass die Auszubildenden seine Ausführungen verstanden haben, um Kenntnislücken gegebenenfalls sofort zu erkennen und zu schließen.

Bei dieser Ausbildungssituation handelt es sich um das Vereinigen von Flüssigkeitsgemischen. Das Vereinigen von Flüssigkeitsgemischen, insbesondere das Verdünnen mit Lösemitteln, ist eine immer wiederkehrende Tätigkeit in der täglichen Laborarbeit. Dabei macht man es sich zu Nutze, dass Flüssigkeiten in bestimmten Lösemitteln besonders gut löslich sind und so keine zwei Phasen entstehen. Der Ausbilder erläutert den Auszubildenden diese Vorteile, die über die Unterweisung erworben werden, um die Auszubildenden zu motivieren aktiv an der Unterweisung teilzunehmen. Desweiteren wird den Auszubildenden klar gemacht, dass diese Tätigkeit wichtig ist, um ihre Ausbildungsziele zu erreichen.

Dauer ca. 3 Minuten

9.2 Erarbeitungsphase

Zunächst werden die in der folgenden Tabelle aufgeführten Arbeitsschritte in einem angemessenen Tempo vom Ausbilder vorgemacht, erklärt und begründet.

Arbeitsvorgang – Was? –	Arbeitsweise – Wie? –	Begründung – Warum? –	Zeit – Min. –
Sicherheitsvorschriften am Arbeitsplatz beachten	Kittel, Schutzhandschuhe und Schutzbrille tragen	Unfallgefahren vermeiden bzw. ausschließen	1,0
25 ml Kolben auf Analysewaage stellen und taren	Kolben auf Analysewaage stellen und Tar-Knopf drücken	0 Punkt für das Wiegen einstellen	0,5
Einwiegen der Analysesubstanz	Vorsichtiges Eintropfen der Analysesubstanz mit der Einwegpipette	Einwiegen der geforderten Menge	1,0
Befüllen der 50 ml Pipette mit Dichlormethan	Pipette in den Lösemittelbehälter einführen, Pipette mittels Pileusball befüllen	Vorbereitung zum Einfüllen in den 25 ml Kolben	0,5
25 ml Kolben bis zur Markierung mit Lösemittel füllen	Kolben auf Augenhöhe halten und Lösemittel langsam mit der Pipette bis zum Erreichen der Markierung einfüllen	Der Meniskus muss genau abgelesen werden. Ein Überfüllen über die Markierung muss verhindert werden.	1,0
Schütteln des 25 ml Kolbens	Stopfen auf den Kolben setzen und vorsichtig schütteln. Stopfen dabei mit den Fingern festhalten.	Gute Durchmischung der beiden Stoffe, Austritt der Flüssigkeit wird verhindert	0,1
Befüllen des Probengefäßes	Abpipetieren einer kleinen Menge der Probe mit einer Einwegpipette und Einfüllen in das Probengefäß	Menge der Probe für GC egal, GC braucht spezielles Probengefäß	1,0

Gemäß dem Prinzip der Umsetzung von Theorie in die Praxis folgt nun eine Wiederholung der Vorführung der Teilvorgänge mit einer Betonung der Kernpunkte. Dauer der Wiederholung ca. 2 Minuten.

Gesamtdauer der 2. Stufe ca. 7 Minuten.

9.3 Übungsphase

Die Auszubildenden erhalten nun die Möglichkeit, die erworbenen Kenntnisse und Fähigkeiten zu üben und zu verfestigen. Die Auszubildenden machen das neu erlernte nach und erklären dabei die jeweiligen Arbeitsvorgänge und Arbeitsweisen und begründen diese. Eventuell auftretende Fehler werden durch den Ausbilder korrigiert. Desweiteren erhöht der Ausbilder die Motivation der Auszubildenden durch Anerkennung und Lob der Leistungen, allerdings übt dieser gegebenenfalls auch Kritik aus. Der Ausbilder lässt die Auszubildenden nun allein arbeiten und üben. Dabei kontrolliert jener anfangs die Auszubildenden öfter und hilft gegebenenfalls. Der Übungsfortschritt wird vom Ausbilder beobachtet, anerkannt und gelobt. Nachdem jeder Auszubildende mehrfach die Vereinigung des Flüssigkeitsgemisches vorgenommen hat, wird die Übungsphase beendet.

Dauer ca. 7 Minuten.

9.4 Kontrollphase

Die Ausbildung, die sich an Zielen orientiert, bedarf der Kontrolle. Zur Kontrolle des Erfolges dieser Unterweisung erfolgt ein Vergleich des Ist-Zustandes mit dem Soll-Zustand. Da bei dieser Unterweisung Flüssigkeiten für eine GC-Analytik vereinigt werden, wird von dem Ausbilder zusammen mit den Auszubildenden überprüft, ob die richtige Menge Analyseflüssigkeit eingewogen und sauber gearbeitet wurde oder ob sich Verunreinigungen in der Probe nachweisen lassen. Dieses wird mittels GC von den Auszubildenden mit dem Ausbilder überprüft.

Dauer ca. 20 Minuten.

10 Abschlussgespräch

Zum Abschluss der Unterweisung zieht der Ausbilder ein Fazit aus der Unterweisung und ermutigt die Auszubildenden, die Unterweisung kritisch zu bewerten. Auf diese Weise erhält der Ausbilder eine Rückmeldung über die Unterweisung und kann zukünftig unter Umständen Änderungen vornehmen.

Dauer ca. 3 Minuten

4.8.1 Hinweise, Kritik und Verbesserungsvorschläge

- Eine Inhaltsangabe fehlt vollständig und sollte unbedingt enthalten sein.
- Die Sachanalyse sowie die Ausformulierung der einzelnen Ziele sollten ausführlicher sein.
- Die unter Punkt 4 genannten Feinlernziele beziehen sich nicht konkret auf einen Auszubildenden. Mindestens einleitend sollte hier z. B. stehen: „Der/Die Auszubildende ...“
- Unter Punkt 4.1 *Kognitive Feinlernziele* steht „... versteht die einzelnen Arbeitsschritte beim Verdünnen und Vorbereiten von Proben und kann dieses verantwortungsvoll durchziehen.“ An dieser Stelle ist unklar, was genau der oder die Auszubildende verantwortungsvoll durchziehen können soll. Besser: „Der/Die Auszubildende versteht die einzelnen Arbeitsschritte beim Verdünnen und Vorbereiten von Proben und wendet dieses Wissen verantwortungsvoll an.“
- Die Formulierung der Feinlernziele unter Punkt 4 wird fast ausschließlich mit „kann“ eingeleitet. Besser ist die direkte Umformung eines möglichen Verbs:

  4.1 Kognitive Feinlernziele
  Der/Die Auszubildende
  - erfasst die Methode des Verdünnens von Flüssigkeiten
  - versteht die einzelnen Arbeitsschritte beim Verdünnen und Vorbereiten von Proben und wendet dieses Wissen verantwortungsvoll an
  - begreift die Anzeige der Analysewaage

  4.2 Psychomotorische Feinlernziele
  Der/Die Auszubildende
  - wiegt die zu analysierende Flüssigkeit richtig ein
  - befüllt einen Messkolben ordnungsgemäß mit Lösemittel
  - füllt die Probe korrekt in ein Analysegefäß
- Die Begründung unter Punkt 5 erläutert nicht klar, was genau an dieser Stelle begründet wird. Besser:

  5 Begründung

  „In dieser Unterweisung soll das Einwiegen von Proben und deren Verdünnung mit Lösemitteln behandelt werden, da das Vereinen von Stoffen Bestandteil des Ausbildungsplans für den Beruf des Chemielaboranten gem. Lernfeld 1 ist und der/dem Auszubildenden der Umgang mit Pipetten und Glasgefäßen bereits bekannt ist.“
- Die Punkte *6 Ausgangssituation* und *6.1 Die zu unterweisenden Auszubildenden und ihre Vorkenntnisse* werden bezeichnet als Adressatenanalyse.
- Die Begründung zur Wahl der Vier-Stufen-Methode ist in diesem Fall sehr schlüssig, die Methodenwahl sinnvoll.
- Der in Punkt 7 zunächst genannten Gesamtdauer der Unterweisung von ca. 23 Minuten wird mit den in Punkt 9 genannten Zeiten widersprochen:
  Motivationsphase: 3 Minuten
  Erarbeitungsphase: 7 Minuten
  Übungsphase: 7 Minuten
  Kontrollphase: 20 Minuten
  Abschlussgespräch: 3 Minuten

Es wird also einmal eine Gesamtdauer von 23 Minuten angegeben sowie ein zweites Mal bei Addition aller Zeiten eine Gesamtdauer von 40 Minuten. Hier sollte der angehende Ausbilder zuvor noch einmal prüfen, wieviel Zeit nun tatsächlich benötigt wird.

INFO

Grundsätzlich darf in der Realität eine Unterweisung auch länger dauern als die in der praktischen Prüfung zur Verfügung stehende Zeit.

Dies wird in vielen Fällen so sein und um die Unterweisung gründlich und mit genügend Ruhe durchführen zu können, sollte der Ausbilder ausreichend Zeit eingeplant haben.

Wichtig ist, dass Ihnen als Ausbilder bewusst ist, dass Ihre Auszubildenden ggf. Fragen haben oder sie nicht alles auf Anhieb verstehen und die Unterweisungseinheit daher länger dauern kann als eigentlich vorgesehen.

Planen Sie daher ggf. einen geeigneten Zeitpuffer mit ein, um den Sie die Unterweisungseinheit verlängern können, um Ihren Auszubildenden auch alles Wichtige vermitteln zu können. Als Faustformel gilt: Planen Sie etwa die zwei- bis dreifache Zeit, die Sie selbst zur Durchführung der jeweiligen Arbeitsschritte benötigen, für Ihre Auszubildenden ein.

- Unter Punkt 10 *Abschlussgespräch* heißt es: „ermutigt der Ausbilder die Auszubildenden, die Unterweisung kritisch zu bewerten“ – dies ist eine interessante Möglichkeit, die Auszubildenden aufzufordern, sich über das gerade Gelernte Gedanken zu machen.
- Zu erwähnen ist gleichwohl, dass die Auszubildenden die Unterweisungseinheit in ihren Ausbildungsnachweis eintragen sollen.
- Ein Dank für die konzentrierte Mitarbeit und das Interesse der Auszubildenden an dem Inhalt der Unterweisung kann motivierend wirken.

4.8.2 Fragen, die sich für das Prüfungsgespräch ergeben können

1. Warum haben Sie sich für die Vier-Stufen-Methode entschieden?
2. Hätten sich auch andere Methoden zur Durchführung Ihrer Ausbildungssituation geeignet? Wenn ja, welche? Wenn nein, warum nicht?
3. Um welche Unterweisungsmethode handelt es sich bei der von Ihnen gewählten und was kennzeichnet diese Unterweisungsform?
4. Sind die Angabe des Alters und des Geschlechts der Auszubildenden relevant für die Durchführung Ihrer Ausbildungssituation? Begründung?
5. Erläutern Sie bitte die Wichtigkeit der von Ihnen in Punkt 9.1 dargelegten Motivationsphase.
6. Wie bewerten Sie Ihre Einschätzung der benötigten Zeit für die Unterweisung? (Da zwei verschiedene Gesamtzeiten angegeben wurden?)
7. Im Abschlussgespräch fordern Sie die Auszubildenden dazu auf, die Unterweisung kritisch zu bewerten. Die Auszubildenden äußern daraufhin, Ihre Unterweisung sei zu langatmig gewesen. Wie reagieren Sie auf diese Äußerung?
8. Halten Sie die anberaumte Zeit von 3 Minuten für ein Abschlussgespräch im Nachhinein für ausreichend?
9. Welche Inhalte sollte das Abschlussgespräch neben der Kritik und dem Fazit noch enthalten?

4.9 Durchführung eines quantitativen Angebotsvergleichs (Vier-Stufen-Methode; Bürokaufmann/-frau)

Ausbildereignungsprüfung am 14. Februar XXXX

Unterweisungsprobe

Vor dem Prüfungsausschuss
der Industrie- und Handelskammer

Durchführung eines quantitativen Angebotsvergleiches

Prüfungsteilnehmer:	Schmidt, Marita
Anschrift:	Senatorstraße 49 49716 Meppen
Ausbildungsberuf:	Bürokauffrau
Grundlage der Ausbildung:	Verordnung über die Berufsausbildung zum Bürokaufmann/Bürokauffrau vom 13. Februar 2001 (BGBl. I S. 425)
Ort der Prüfung:	Volkshochschule Klavierstraße 15 49716 Meppen
Anzahl der Auszubildenden:	2 Auszubildende
Ausgewählte Methode:	Vier-Stufen-Methode
Dauer der Unterweisung:	ca. 15 - 20 Minuten

Hiermit versichere ich, die vorliegende Ausbildungseinheit selbstständig ausgewählt und ausgearbeitet zu haben.

Meppen, 19.01.XXXX

Inhaltsverzeichnis

1. Themenwahl

Gegenstand dieser Unterweisung ist die Durchführung eines quantitativen Angebotsvergleiches zweier verschiedener Angebote für ein Produkt (Dachhaken) aus unserem Unternehmen. Die Auszubildenden lesen die nötigen Angaben aus den Angeboten heraus und führen den quantitativen Angebotsvergleich auf Grundlage dieser Informationen durch.

2. Analyse des Adressaten und der Lernvoraussetzungen

Die Auszubildende/Der Auszubildende befindet sich im ersten Halbjahr des ersten Lehrjahres in der Ausbildung zur Bürokauffrau/zum Bürokaufmann und hat im Vorfeld ihre/seine Aufgaben stets zuverlässig und gewissenhaft bearbeitet. Die/Der Auszubildende sieht zu erledigende Arbeit von allein und erledigt diese zur vollen Zufriedenheit.

3. Einordnung des Unterweisungsthemas in die Ausbildung

Das Thema dieser Unterweisung ist gemäß § 3 Nr. 2.1 der Verordnung über die Berufsausbildung zum Bürokauffrau/Bürokaufmann vom 13.02.1991 in Verbindung mit der Nr. 2.1c des Ausbildungsrahmenplans für die Berufsausbildung zur Bürokauffrau/zum Bürokaufmann zu vermitteln.

Im Vorfeld der Ausbildung ist der Auszubildenden/dem Auszubildenden betriebsbedingt der Bereich der erneuerbaren Energien näher gebracht worden. Zudem hat sie/er erste Produkte und dessen Anwendungsgebiete kennengelernt.

Die Auszubildende/Der Auszubildende hat in der vorgegangenen Unterweisung die Bestandteile eines Angebotes kennengelernt und kann diese bereits aufzählen und erläutern.

Die Durchführung dieser Unterweisung beinhaltet einen quantitativen Vergleich zweier Angebote. Außerdem soll dem Auszubildenden vermittelt werden, warum und vor allem wie ein quantitativer Angebotsvergleich durchzuführen ist.

In der nächsten Ausbildungseinheit soll den Auszubildenden die Durchführung eines qualitativen Angebotsvergleiches mit dem Scoring-Modell näher gebracht werden, da in unserem Betrieb nicht nur die Quantität sondern auch die Qualität der einzukaufenden Produkte entscheidend ist.

4.1 Lernzielniveau

4.1.1 Richtlernziele

Die Auszubildende/Der Auszubildende soll selbstständig einen quantitativen Angebotsvergleich durchführen können (siehe Punkt 3.2.2/4.3.5/4.4.1 Berufsbild Bürokauffrau/Bürokaufmann).

4.1.2 Groblernziele

Die Auszubildende/Der Auszubildende soll Angebote entgegennehmen und diese in der Quantität vergleichen können, um das günstigste Angebot herauszufinden (siehe Punkt 8.1 Ausbildungsrahmenplan Bürokauffrau/Bürokaufmann).

4.1.3 Feinlernziele

- Die Auszubildende/der Auszubildende soll den quantitativen Angebotsvergleich durchführen können, um die Abteilung Einkauf in der Entscheidung für einen Lieferanten zu unterstützen.
- Die Auszubildende/der Auszubildende soll die wichtigsten Punkte für einen quantitativen Angebotsvergleich erläutern können.

4.2 Lernzielbereich

4.2.1 Kognitive Lernziele

- Die Auszubildende/der Auszubildende versteht die Bestandteile eines Angebots.
- Die Auszubildende/der Auszubildende findet die für den Vergleich notwendigen Informationen in den Angeboten.
- Die Auszubildende/der Auszubildende kann einen quantitativen Angebotsvergleich durchführen.

4.2.2 Affektive Lernziele

- Die Auszubildende/der Auszubildende geht sehr sorgfältig bei dem Vergleich der beiden Angebote vor.
- Die Auszubildende/der Auszubildende zeigt Interesse daran, eigenständig Informationen eines Angebots verarbeiten zu können.

4.2.3 Psychomotorische Lernziele

- Die Auszubildende/der Auszubildende nimmt das Beispiel eines durchgeführten quantitativen Angebotsvergleiches zur Hand.
- Die Auszubildende/der Ausbildende liest sich die zu vergleichenden Angebote durch und markiert sich mit einem Stift die für den Vergleich benötigten Werte und Informationen.

4.3 Handlungskompetenzen der Unterweisung

4.3.1 Fachkompetenz

Nach dieser Unterweisung soll die Auszubildende/der Auszubildende selbstständig Angebote nach der Quantität vergleichen können.

4.3.2 Methodenkompetenz

Die Auszubildende/Der Auszubildende muss die Aufgabe in einer systematischen Reihenfolge aus Einzelschritten lösen. Selbstständiges Arbeiten und logisches Denken werden durch diese Vorgehensweise gefordert, welche zudem auf viele betriebliche Vorgänge anzuwenden ist.

4.3.3 Sozialkompetenz

Die Auszubildende/Der Auszubildende wird in ihrer/seiner Selbstständigkeit gestärkt, da sie/er mit verschiedenen Bestandteilen von eingehenden Angeboten und Einkauf arbeitet und diese in Zusammenhang setzen muss. Die Kommunikationsfähigkeit der Auszubildenden/des Auszubildenden wird gestärkt, da sie/er sowohl in Kontakt mit den Lieferanten als auch mit den Kollegen treten muss, um alle notwendigen Informationen für die Erfüllung ihrer/seiner Aufgaben zu erhalten.

4.3.4 Angestrebte Schlüsselqualifikation

Die Auszubildende/Der Auszubildende wird zu einer eigenständigen Aktivität bewegt, da der Auszubildende sich in seiner Aktivität immer mehr zurücknimmt. Dadurch wird selbstgesteuertes Lernen gefördert.

Die Ermittlung eines für einen quantitativen Angebotsvergleich wichtigen Wertes sowie die Meldung des Ergebnisses befähigt die Auszubildende/den Auszubildenden selbstständig in den Kontakt mit Lieferanten zu treten und eine Auswahl für den preisgünstigsten Lieferanten zu treffen. In diesem Fall ist das Ergebnis (der errechnete Wert für ein Produkt) eindeutig, sodass sich die Auszubildende/der Auszubildende in ihrer/seiner Aufgabe sicher fühlt, was sie/ihn wiederum insgesamt in ihrer/seiner Arbeit positiv bestärkt.

4.3.5 Erfüllung der Prinzipien der Ausbildung

Prinzip der Fasslichkeit:

Durch die Zergliederung der Ausbildungseinheit in für die Auszubildende/den Auszubildenden nachvollziehbare Schritte wird diesem Prinzip entsprochen.

Prinzip der Praxisnähe:

Diese Ausbildungseinheit beschreibt während der Ausbildung täglich anfallende Aufgaben, des Weiteren werden originalgetreue Angebote verwendet, sodass das Prinzip der Praxisnähe berücksichtigt wird.

Prinzip der Erfolgssicherung:

Durch Erläuterungen seines Vorgehens in der 3. Stufe, sowie durch das Üben und selbstständige Lösen von neuen Fällen in der 4. Stufe wird das Wissen gefestigt und so ein Lernerfolg gesichert.

5. Lernerfolgskontrolle

Die Auszubildende/Der Auszubildende führt selbstständig die Bearbeitung eines Angebots durch. Eigenständig erschließt die Auszubildende/der Auszubildende alle nötigen Werte aus den zu vergleichenden Angeboten und führt den quantitativen Angebotsvergleich selbstständig durch.

6. Methode

Zeit (Minuten)	Phase	Ziele und Inhalte	Methode/Unterweisungsformen	Tätigkeiten Auszubildende/Auszubildender	Tätigkeiten Ausbilder	Medium
5	Vorbereitung	Anknüpfen an die vorangegangene Unterweisung, extrinsische Motivation durch die Tatsache, den Einkauf im Betrieb besser unterstützen zu können und eine wichtigere Position im Unternehmen einzunehmen	Besprechendes, erklärendes Unterweisungsgespräch	► Zuschauen ► Zuhören ► ggf. erste Fragen stellen	Einführung in die durchzuführende Ausbildungssituation geben	Beispielangebote, Formulare für den Angebotsvergleich
5	Vormachen	Wichtige Daten für den quantitativen Angebotsvergleich aus den Beispielangeboten herauslesen, Daten in das Formular für den Angebotsvergleich eintragen und besprechen	Vormachende und erläuternde Unterweisungsformen	► Zuschauen ► Hören ► ggf. erste Fragen stellen	Vormachen und dabei eigene Handlung erläutern	Beispielangebote, Formulare für den Angebotsvergleich
8	Nachmachen	Selbstständiges Herauslesen der wichtigen Daten, selbstständige Durchführung der Berechnungen	Übende und besprechende Unterweisungsform	► Nachmachen (Lesen, Schreiben, Rechnen, Erklären) ► ggf. Fragen stellen	Der/Dem Auszubildenden zusehen und als Beratung zur Seite stehen	Beispielangebote, Formulare für den Angebotsvergleich
Nach der Unterweisung	Üben	Festigung des Erlernten durch Üben anhand weiterer verschiedener Angebote	Aufgebende, wiederholende Unterweisungsform	► Üben ► Wissen festigen	Möglicherweise noch als Berater fungieren, weiter jedoch nicht eingreifen	Weitere Beispielangebote und Vordrucke von Formularen für den Angebotsvergleich

4.9.1 Hinweise, Kritik und Verbesserungsvorschläge

- Bei der Erstellung des Inhaltsverzeichnisses ist darauf zu achten, dass die Seitenzahlen gleichmäßig dargestellt sind. In diesem Fall bietet es sich an, die Seitenzahlen rechtsbündig einzustellen.
- Einzelne Überschriften stimmen nicht mit dem Inhaltsverzeichnis überein (vgl. Punkt 2). Diese sollten miteinander abgeglichen werden. Die Überschrift zu Punkt 4 *Fachliche Analyse und Zielangabe* wurde vollständig vergessen und sollte ebenfalls innerhalb der schriftlichen Ausarbeitung wiederzufinden sein, da sie im Inhaltsverzeichnis aufgeführt wurde.
- Die Darstellung des Punktes 4.3.5 *Erfüllung der Prinzipien der Ausbildung* muss – orientiert an der bisherigen Darstellung im Inhaltsverzeichnis – nicht unterstrichen werden.
- Gut ist der Anlagenvermerk, da sofort ersichtlich ist, dass und welche Anlagen existieren und dass diese im Anhang an die Unterweisung zu finden sind.
- Die Struktur der Unterweisung ist sehr übersichtlich, teilweise hätten die Zwischenabstände auch kleiner gewählt sein dürfen (vgl. Textabschnitte unter Punkt 3).
- Ist die Entscheidung auf die Verwendung beider Geschlechter gefallen, sollte dies in der gesamten Unterweisung angewandt werden. In Punkt 3 Absatz 4 sollte es daher richtig lauten:

  „Außerdem soll der Auszubildenden/dem Auszubildenden vermittelt werden, warum und vor allem wie ein quantitativer Angebotsvergleich durchzuführen ist."
- Die Herstellung des Bezugs der Unterweisungseinheit zu den Ausbildungsinhalten ist in Punkt 4.1.1 *Richtlernziele* gut und nachvollziehbar dargestellt. Wichtig ist, dass hier eine Möglichkeit zur Überprüfung oder eine Quelle angegeben ist, die begründet, warum diese Unterweisungseinheit Teil der Ausbildung ist. Gleiches gilt für Punkt 4.1.2 *Groblernziele*.
- Die Feinlernziele können noch um zwei bis drei Punkte ergänzt werden.
- Bei dem Punkt 6 *Methode* sollte eine Seitenzahl angegeben werden.
- Der Punkt 6 ist gut gelungen, für den Prüfungsausschuss ist so nachvollziehbar, welcher Schritt wann durchgeführt wird und innerhalb welchen Zeitraums dies geschehen soll. Ebenfalls ist anhand dieses Plans ersichtlich, ob der vom Prüfling geplante Zeitraum für die Unterweisungseinheit auch realistisch ist. Ein solcher Plan ist Bestandteil jeder schriftlichen Unterweisungsprobe!

4.9.2 Fragen, die sich für das Prüfungsgespräch ergeben können

1. Warum haben Sie sich für die Vier-Stufen-Methode entschieden?
2. Hätten sich auch andere Methoden zur Durchführung Ihrer Ausbildungssituation geeignet? Wenn ja, welche? Wenn nein, warum nicht?
3. Um welche Unterweisungsmethode handelt es sich bei der von Ihnen gewählten und was kennzeichnet diese Unterweisungsform?
4. Erläutern Sie bitte die Themenwahl zu Ihrer Unterweisung.
5. Einen Angebotsvergleich durchzuführen ist ggf. auch Bestandteil der Inhalte des Berufsschulunterrichts. Ist es sinnvoll, einen Angebotsvergleich dann auch im Betrieb als Ausbildungssituation durchzuführen? Nehmen Sie bitte Stellung.
6. Erläutern Sie bitte die Prinzipien der Ausbildung.
7. Sie haben Ihre Unterweisung für einen Zeitrahmen von ca. 20 Minuten angelegt. Wie wären Sie weiter vorgegangen, wenn dieser Zeitrahmen nicht ausgereicht hätte?

4.10 Herstellung von Tomatenfilets (Methodenmix: Vier-Stufen-Methode/fragend-entwickelnde Methodik; Koch/Köchin)

Unterweisungsentwurf zur Ausbilder-Eignungsprüfung
Zur Vorlage bei der Industrie und Handelskammer

Prüfungsteilnehmer:

Name:	**Jonas Korte**
Anschrift:	**Bürgermeisterweg 7, 49733 Haren**
Beruf	**Koch**
Derzeitige Tätigkeit	**Sous-Chef**
Prüfungsort/Prüfungstag	**IHK Haren (Raum 38/40)/18.05.XXXX**
Thema der Unterweisung	**Fachgerechte Herstellung von Tomatenfilets aus frischen Tomaten**
Einordnung in den Ausbildungsrahmenplan	**Teil II. Berufliche Fachbildung § 3 Nr. 14**
Ausbildungsberuf des Auszubildenden	**Koch**

Hiermit erkläre ich, den Unterweisungsentwurf selbstständig erstellt zu haben.

____________________ ____________________

Ort, Datum Unterschrift

Unterweisungsentwurf

Inhaltsverzeichnis

1. Rahmenbedingungen

1.1 Adressatenanalyse und Ausbildungszeitpunkt

Marco Eisenbach ist ein Auszubildender im Alter von 17 Jahren und befindet sich im 1. Ausbildungshalbjahr des zweiten Lehrjahres. Er hat einen Realschulabschluss.

Der Auszubildende zeigt keine Lernschwierigkeiten und weist in der Berufsschule gute bis sehr gute Leistungen auf. Es gelingt ihm schnell, das erworbene theoretische Wissen mit den praktischen Arbeitsaufgaben zu verknüpfen. Er erledigt die ihm übertragenen Arbeitsaufgaben gewissenhaft und mit großer Sorgfalt. Der Auszubildende zeigt sich stets interessiert und lernwillig, mit guten Ergebnissen bei den Lernerfolgskontrollen.

1.1.2 Ausbildungsberuf

Herr Eisenbach befindet sich in der Ausbildung zum Koch.

1.1.3 Vorkenntnisse

Der Auszubildende befindet sich im 3. Monat des zweiten Ausbildungsjahres. Der Auszubildende arbeitet seit einem Monat im Bereich des Entremetiers (Kochen von Beilagen, Suppen). Dort hat er bereits Kenntnisse zu Grundschnitttechniken von Gemüse, z. B. Brunnoise und Julienne (nach § 3 Nr. 14 – Zubereitung von pflanzlichen Nahrungsmitteln) erworben. Die erworbenen Fertigkeiten und Kenntnisse sollen nun durch das Herstellen von Tomatenfilets und die damit verbundenen Vorbereitungen ergänzt werden. Der Auszubildende hat sich bereits theoretische Grundkenntnisse zum Thema Arbeitstechniken und Garverfahren zur Herstellung einfacher Speisen in der Berufsschule angeeignet. An die erlernten Vorkenntnisse soll nun angeknüpft werden, um seine Kenntnisse, Fähigkeiten und Fertigkeiten zu erweitern und zu sichern.

Des Weiteren wurde der Auszubildende im vorangegangenen Ausbildungsjahr zu den Sicherheits- und Schutzbestimmungen zum Umgang mit Messern, sowie den allgemeinen Hygienevorschriften unterrichtet.

1.2 Unterweisungsstätte

Die Unterweisung findet in der Küche im Bereich der Gemüsevorbereitung statt. Der Auszubildende steht an einem hohen Arbeitstisch neben dem Ausbilder.

1.3 Zeitpunkt und Dauer der Unterweisung

Für die Unterweisung werden 20 Minuten (inkl. Vorbereitung) veranschlagt, sie findet um 11:15 statt, da sich der Auszubildende nach der von 10:45 - 11:15 dauernden Frühstückspause nun in einer Hochphase befindet, was die Lernbereitschaft und Konzentration fördert.

Ich habe im Vorfeld dafür gesorgt, dass wir uns allein in dem Küchenbereich befinden, um eine störungsfreie Durchführung der Unterweisung zu ermöglichen. Des Weiteren habe ich dafür Sorge getragen, dass alle Sicherheits- und Hygienevorschriften eingehalten werden.

1.4 Arbeitsmittel und Materialien

Es wird vorausgesetzt, dass der Auszubildende in Kochkleidung erscheint und im sicheren Umgang mit Messern unterwiesen ist.

2. Didaktische Analyse

2.1 Thema der Unterweisung

Ein Teil des Ausbildungsberufsbildes der Berufsausbildung Koch/Köchin ist die Zubereitung von pflanzlichen Nahrungsmitteln § 3 Nr. 14

Die Unterweisung beinhaltet nach § 3 Nr. 14b) Gemüse und Kartoffeln zubereiten, Schälen und Entkernen von Tomaten.

Die Unterweisung wird praktisch anhand von frischen Tomaten durchgeführt.

2.2 Formulierung der Lernziele

Richtlernziel: Zubereitung von pflanzlichen Nahrungsmitteln § 3 Nr. 4
Groblernziel: b) Gemüse und Kartoffeln zubereiten
Feinlernziel: Der Auszubildende soll mit geeigneten Messern fachgerecht und selbstständig eine Tomate schälen, entkernen und sie für eine Weiterverarbeitung vorbereiten.

2.2.1 Kognitiv

- Der Auszubildende kennt nach der Unterweisung die Unfallgefahren bei dieser Tätigkeit und die hygienischen Anforderungen.
- Darüber hinaus weiß er, in welchen Schritten die Arbeit auszuführen ist und kann sein Handeln mit eigenen Worten erklären und selbstständig begründen.
- Der Auszubildende wird sein Fachwissen in Bezug auf die Qualitätsmerkmale einer Tomate vertieft haben.

2.2.2 Affektiv

- Im Umgang mit dem Werkzeug wird der Auszubildende gewissenhaft tätig sein.
- Er wird die Unfallverhütungsvorschriften einhalten und mit dem Arbeitsmaterial sparsam und sorgfältig umgehen.

- Der Auszubildende soll nach der Unterweisung eine ökonomischere Grundhaltung gegenüber Lebensmitteln haben.

2.2.3 Psychomotorisch

- Nach der Unterweisung kann der Auszubildende sicher und geschickt Tomatenfilets herstellen.
- Außerdem besitzt er die Fertigkeit, eine Tomate selbstständig zu bearbeiten und fachgerecht in verschiedenen Speisen und Garnituren einzusetzen.

2.3 Förderung der Schlüsselqualifikationen

Die Schlüsselqualifikationen, die in dieser Unterweisung vermittelt werden sollen, sind neben den fachlichen Kompetenzen, auch Fähigkeiten zur Förderung der Sorgfalt und Genauigkeit. Durch Vormachen und Erklären des Ausbilders soll auf diese Fähigkeiten hingewiesen werden. Durch das Erlernen dieser Kompetenzen kann der Auszubildende das Wissen und die Erfahrungen konstruktiv in neue Kontexte transferieren.

3. Methodische Analyse

3.1 Methode der Unterweisung

Da ich in dieser Ausbildungssituation, neben den praktischen Kenntnissen auch theoretische Kenntnisse weitergeben möchte, erfolgt die Unterweisung nach der Vier-Stufen-Methode, wobei in der ersten Stufe auch die fragend-entwickelnde Methode zum Tragen kommt. Ich werde den Auszubildenden zu Beginn der Unterweisung motivieren, um danach gemeinsam mit ihm das Wissen über die Merkmale von Tomaten und seine Kenntnis über Tomaten zu erweitern sowie um manche Wissensbereiche zu wiederholen. Danach werde ich ihm den Arbeitsablauf vormachen, ihn beim Nachmachen beobachten und am Ende kontrollieren.

3.2 Rolle des Ausbilders und des Auszubildenden

Ich werde den Auszubildenden als erstes begrüßen und ein entspanntes Klima schaffen, damit der Auszubildende nicht verunsichert ist. Danach unterrichte ich ihn über die folgende Ausbildungssituation und die dafür bereits getroffenen Vorbereitungen und gehe dann noch kurz auf evtl. anfallende Fragen von ihm ein.

Im Anschluss führe ich die einzelnen Arbeitsschritte in angemessenem Tempo vor und erkläre dabei die jeweiligen Schritte. Danach lasse ich den Auszubildenden die Schritte nachmachen und erklären, dabei achte ich darauf, dass er sie möglichst selbstständig durchführt. Ich überwache währenddessen nur sein Handeln und greife auch nur dann ein, wenn er grobe Fehler macht oder seine Sicherheit (z. B. durch falsche Messerhandhabung u. Ä.) gefährdet ist.

4. Ablauf der Unterweisung

4.1 Vorbereitung

In Abwesenheit des Auszubildenden bereite ich den Arbeitsplatz vor und stelle die benötigten Arbeitsutensilien bereit. Ich rufe Marco nach seiner 30-minütigen Pause zu mir. Marco ist nach der Pause ausgeruht und aufnahmefähig. Zusätzlich motiviere ich ihn durch Lob, indem ich ihm verständlich mache, dass er die von mir vorher gestellten Aufgaben sehr gut und zügig erledigt hat.

Ich erkläre dem Auszubildenden was ich ihm zeigen möchte, führe ihn an den vorbereiteten Arbeitsplatz und frage ihn nach evtl. Fragen, die ich ihm beantworte. Danach frage ich ihn, was er zum Thema schon weiß und wie er sich die Herstellung dessen vorstellt. Ich höre mir seinen Vorschlag an und gehe darauf ein.

4.2 Vormachen und Erklären

Ich mache dem Auszubildenden vor, wie man die Tomate für das Schälen vorbereitet und was dieser Arbeitsschritt bewirkt. Danach zeige ich ihm, wie man die Tomate blanchiert, dann abschreckt und im Anschluss von der Haut befreit. Zuletzt mache ich ihm vor, wie man die Tomate schält und von ihrem Kerngehäuse befreit. Die fertigen Tomatenfilets werden abschließend abgedeckt und kalt gestellt.

4.3. Nachmachen und erklären lassen

Nun motiviere ich ihn, den Arbeitsgang alleine nachzumachen und dabei die wichtigsten Punkte laut zu erklären. Ich beobachte dabei die einzelnen Arbeitsschritte. Gegebenenfalls helfe ich bei Fehlern soweit, dass er die Fehler selbst korrigieren kann. Anschließend lobe ich sein Nachmachen und Erklären, soweit dies möglich ist. Außerdem frage ich, welche Verwendungsmöglichkeiten ihm für die hergestellten Tomatenfilets einfallen.

4.4 Üben

Im Anschluss an das erstmalige Nachmachen bitte ich ihn, zwei weitere Tomaten zu Filets zu verarbeiten, um damit den gelernten Arbeitsablauf einzuüben und zu festigen.

5. Lernerfolgskontrolle

Ich lasse den Auszubildenden am nächsten Tag den Arbeitsablauf der Herstellung von Tomatenfilets und das Erlernte in sein Berichtsheft eintragen. Durch die Frage nach den Verwendungsmöglichkeiten teste ich seine Kreativität und seinen Einfallsreichtum. Nach einer Auswertung spreche ich mit dem Auszubildenden über das Ergebnis.

Ich überprüfe das Berichtsheft und lege eine Kopie als Nachweis zu meinen Unterlagen.

Arbeitsschritte

Schritt 1:
Den Strunk der Tomate mit einem kegelförmigen Schnitt entfernen und auf der gegenüberliegenden Seite die Haut kreuzförmig einschneiden.

Schritt 2:
Die vorbereitete Tomate in kochendem Wasser so lange blanchieren, bis sich die Haut zu lösen beginnt. Anschließend mit Eiswasser abschrecken, die Haut lässt sich nun leicht abziehen.

Schritt 3:
Die geschälte Tomate vierteln und anschließend auf der Innenseite der Tomatenaußenwand entlangschneiden, um das Kerngehäuse zu entfernen.

4.10.1 Hinweise, Kritik und Verbesserungsvorschläge

- Das Inhaltsverzeichnis ist übersichtlich gestaltet, kann jedoch um Seitenzahlen ergänzt werden.
- Unter Punkt 3.1 *Methode der Unterweisung* kann ergänzt werden, wie genau der Ausbilder den Auszubildenden motiviert (z. B. durch Lob für seine bisherigen Leistungen).
- Unter Punkt 4.1 *Vorbereitung* findet sich folgende Formulierung: „Ich erkläre dem Auszubildenden, was ich ihm zeigen möchte, führe ihn an den vorbereiteten Arbeitsplatz und frage ihn nach evtl. Fragen, die ich ihm beantworte. Danach frage ich ihn, was er zum Thema schon weiß und wie er sich die Herstellung dessen vorstellt. Ich höre mir seinen Vorschlag an und gehe darauf ein."

  Hier kommt in kurzen Abständen 3-mal das Wort „fragen" vor. Besser klingt es z. B. so:

  „Ich erkläre dem Auszubildenden, was ich ihm zeigen möchte, führe ihn an den vorbereiteten Arbeitsplatz und kläre noch offene Fragen des Auszubildenden. Anschließend bitte ich den Auszubildenden mir zu erzählen, was er zum Unterweisungsthema bereits weiß und wie er sich die Herstellung von Tomatenfilets vorstellt. Ich höre mir seinen Vorschlag an und gehe darauf ein."
- Eine zeitliche Gliederung als Ergänzung zur schriftlichen Unterweisungsprobe ist wünschenswert, um abschätzen zu können, wieviel Zeit für die einzelnen Schritte sowie die Durchführung der Unterweisung insgesamt benötigt wird. Dies ist nicht nur für den Prüfungsausschuss bzw. die Prüfungssituation wichtig, sondern auch später im betrieblichen Ablauf sinnvoll, da so für den Ausbilder ersichtlich ist, wieviel Zeit er sich für eine bestimmte Unterweisungseinheit nehmen sollte.

TIPP

Zwei Methoden miteinander zu verbinden ist erlaubt, da in der Praxis viele Unterweisungen auch nicht strikt nach einer Methode durchgeführt werden, sondern all das zur Durchführung herangezogen wird, was nützlich sein und das Verständnis des Auszubildenden für die Unterweisungsinhalte erleichtern kann. Ein Methodenmix kann daher also auch Praxisnähe bedeuten.

4.10.2 Fragen, die sich für das Prüfungsgespräch ergeben können

1. Warum haben Sie sich für einen Methoden-Mix entschieden?
2. Hätten sich auch andere Methoden zur Durchführung Ihrer Ausbildungssituation geeignet? Wenn ja, welche? Wenn nein, warum nicht?
3. Um welche Unterweisungsmethode handelt es sich bei der von Ihnen gewählten und was kennzeichnet diese Unterweisungsform?
4. Die Leistungen Ihres Auszubildenden verschlechtern sich seit einiger Zeit kontinuierlich, insbesondere beachtet er die Hygienevorschriften kaum noch. Woran könnte diese Verhaltensänderung liegen und wie verhalten Sie sich?
5. Hätten Sie diese Ausbildungssituation auch mit mehreren Auszubildenden gleichzeitig durchführen können? Begründung?
6. Wieso ist die Methodenwahl für Sie als Ausbilder von Bedeutung?
7. Hätte Ihr Auszubildender – in Ihrem Auftrag – im Vorfeld dieser Unterweisungseinheit selbst auch Vorbereitungen treffen können? Gegebenenfalls welche? Begründung?
8. Sie bekommen im Anschluss an die durchgeführte Unterweisung mit, wie Ihr Auszubildender sich in einem Gespräch mit anderen Mitarbeitern darüber beschwert, dass Ihre Unterweisungen „Kinderkram“ seien. Wie reagieren Sie? Begründung?

4.11 Zubereitung eines Wodka-Martini am Tisch des Gastes nach DBU-Standard (Methodenmix: Vier-Stufen-Methode/-Leittext-Methode; Restaurantfachmann/-frau/Barmixer/in)

Ausarbeitung zur mündlichen Prüfung AEVO

Ausbilder
Jonas Korte

Ausbildungsberuf
Restaurantfachmann/-frau (IHK), Barmixer/in (IHK)

Ausbildungsaufgabe
„Zubereitung eines Wodka-Martini am Tisch des Gastes nach DBU-Standard"

Gliederung

1) Analyse der Ausbildungsaufgabe hinsichtlich
   a) Adressat, didaktische Parallelität — Wem erkläre ich wann ...
   b) Einordnung zu Richtlernzielen
   c) Angesprochene Lernzielbereiche — ... was?
   d) Schlüsselqualifikationen
   e) Auswahl
   f) Prinzipien
   g) Motivation — ... wie?
   h) Unterweisungsform
   i) Sozialform der Unterweisung

2) Durchführung der Ausbildungsaufgabe (Leittext-Methode)
   a) Informieren
   b) Planen
   c) Entscheiden
   d) Ausführen
   e) Kontrollieren
   f) Bewerten

1) Analyse der Ausbildungsaufgabe hinsichtlich

a) Adressat, didaktische Parallelität

Die Auszubildenden befinden sich im 3. Lehrjahr und bereiten sich schon langsam gedanklich auf die Abschlussprüfung vor. Im 3. Berufsschuljahr sowie in der Abschlussprüfung werden die Punkte des Ausbildungsberufsbildes wie z. B. „Arbeiten am Tisch des Gastes", sowie „Führen einer Station" noch einmal speziell herausgestellt, wobei die zuvor erlernten Kenntnisse und Fertigkeiten zusammen abgerufen werden (vgl. Anhang, Ausbildungsrahmenplan).

Ein Teil der Abschlussprüfung zum Restaurantfachmann ist unter dem Thema „Arbeiten am Tisch des Gastes" das Zubereiten eines Cocktails am Tisch des Gastes, als Aperitif, bevor man das Fünf-Gänge-Menü serviert.

Die Auszubildenden zeigen im Betrieb ein vergrößertes Interesse an dem Bereich „Bar" und das Zubereiten von Cocktails scheint sie besonders zu interessieren. Sie zeigen erste Anzeichen von Eigenmotivation, die in dem Fachgebiet bei Mitarbeitern recht selten sind. Sie besorgen sich Cocktailbücher und lassen sich Cocktailutensilien schenken und bringen diese mit in den Betrieb.

Getrübt wird diese positive Grundstimmung nur von den Gedanken an die Abschlussprüfung. Um die erstmals eingetretenen Anzeichen von intrinsischer Motivation sofort aufzugreifen, die allgemein gute Einstellung zu den Cocktails zu fördern und die Angst vor der Prüfung etwas zu nehmen, wurde beschlossen, bei dem nächsten betrieblichen Unterricht am Mittwoch-Nachmittag das Zubereiten eines Cocktails am Tisch des Gastes zu üben und zwar im noch geschlossenen Restaurant an dem eigens dafür vorgesehenen Übungstisch, der dieselben Maße hat wie die Tische in der Abschlussprüfung.

Um die Auszubildenden anzunähern an das Thema was nach der Prüfung geschieht, denn damit wird sich auch schon erfolglos beschäftigt, wird das Niveau der Aufgabe ganz leicht angehoben auf den Standard der DBU, der Deutschen Barkeeper Union, welche die Weiterbildungen von Restaurantfachleuten zu Barmixern führend vorantreibt. Diese werden dann eingesetzt auf Kreuzfahrtschiffen, in großen Hotels und Freizeitparks. Diese berufliche Option und die Ambitionen, die die Auszubildenden dazu haben, sollen gleichzeitig herausgestellt werden und Ihnen Mut machen.

b) Einordnung zu Richtlernzielen

Durch die Ausbildungsaufgabe „Zubereitung eines Wodka-Martini am Tisch des Gastes nach DBU-Standard" werden verschiedene Bereiche des Ausbildungsberufsbildes und damit auch verschiedene Groblernziele des Ausbildungsrahmenplans angesprochen:

Richtlernziel	Arbeiten am Tisch des Gastes
	Einsetzen von Geräten und Gebrauchsgütern, Arbeitsplanung
	Hygiene
Groblernziel	Getränke zubereiten, präsentieren und servieren
	Arbeitsschritte planen
	Mise en Place
	Vorschriften und Grundsätze zur Hygiene anwenden
Feinlernziele	Betriebliche Aufgaben, hier: Ausbildungsaufgabe von Ausbilder festgelegt

Die „Zubereitung des Wodka-Martini" gehört hierbei zu dem Groblernziel „Getränke zubereiten, präsentieren und servieren". Der Zusatz „gemäß DBU-Standard" impliziert eine gewisse Abfolge von Tätigkeiten in der richtigen Reihenfolge und setzt somit das richtige Planen von Arbeitsschritten voraus, sowie ein gutes Mise en place.

So, wie bei allen Tätigkeiten innerhalb des Gastgewerbes, sind auch hierbei im Umgang mit Lebensmitteln die Vorschriften zur Betriebshygiene anzuwenden.

Es geht also um mehrere Lernziele, die bei dieser Ausbildungsaufgabe angesprochen werden, und sie ist daher etwas komplexer, wenn auch nicht schwierig und daher innerhalb des vorgegebenen Rahmens erfüllbar und fassbar.

c) Angesprochene Lernzielbereiche

Die Ausbildungsaufgabe zielt ausschließlich auf den psychomotorischen Lernzielbereich, bei dem die Gesamtheit und die Reihenfolge der Arbeits- und Bewegungsabläufe die wichtigste Rolle einnehmen.

d) Schlüsselqualifikationen

Neben den Lernzielen, die in der Ausbildungsordnung festgelegt sind und die zu der Schlüsselqualifikation der Fachkompetenz gehören, sollen während der Ausbildung noch folgende weitere Schlüsselqualifikationen erlernt werden, um berufsübergreifende Handlungskompetenz zu vermitteln:
Sozialkompetenz, Individualkompetenz, Methodenkompetenz

Diese Kompetenzen werden versucht durch die Art und Weise der Vermittlung der Ausbildungsaufgabe anzusprechen (z. B. Ansprechen der Sozialkompetenz durch richtige Wahl der Sozialform der Unterweisung, oder Ansprechen der Individualkompetenz durch richtigen Gebrauch von Motivationsmaßnahmen).

Dieses kann jedoch nur geschehen, wenn die Ausbildungsaufgabe von vornherein so gewählt ist, dass sie auf die effizienteste Art und Weise vermittelt werden KANN.

e) Auswahl

Die Aufbereitung beruflicher Handlungsfelder zu Ausbildungsaufgaben ist eine wichtige Aufgabe des Ausbilders. Man könnte auch sagen, das Formulieren von Feinlernzielen aus den Richt- und Groblernzielen aus Ausbildungsordnung und Rahmenplan obliegt ihm (vgl. 1b).

Dies ist nicht leicht, denn er muss die Aufgabenstellung so wählen, dass mit der richtigen Methodik (dem Wie?) die zu vermittelnden Ziele (das Was?) so erreicht werden, dass möglichst viele Schlüsselqualifikationen angesprochen werden können.

So müsste sie z. B. zunächst komplex genug gewählt sein, um das Anwenden einer Methode zur vollständigen Handlung (z. B. Leittext-Methode) überhaupt möglich zu machen. Gleichzeitig sollte sie aber fassbar bleiben.

f) Prinzipien

Die hier dargestellte Ausbildungsaufgabe ist so gewählt worden, dass die Fertigkeiten und Kenntnisse unter Einbeziehung selbstständigen Planens, Durchführens und Kontrollierens zu vermitteln ist (vergleiche 2a) - f)). Das heißt, sie folgt der Theorie der vollständigen Handlung.

Zudem ist sie fassbar (15 Minuten) und hat einen hohen Praxisbezug, da es um eine Tätigkeit geht, die so oder in ähnlicher Form täglich in der betrieblichen Praxis durchgeführt wird.

g) Motivation

Zunächst lässt sich über die Motivation sagen, dass man zwischen primärer Motivation (intrinsisch) und sekundärer Motivation (extrinsisch) unterscheiden kann. Die primäre Motivation ergibt sich aus den Grundbedürfnissen und geht von der Person selbst aus, wenn sie z. B. ein hohes Eigeninteresse an dem Arbeitsgegenstand mitbringt. Dies ist natürlich nur selten der Fall, weshalb es wichtig ist, beim Motivieren die sekundäre Motivation anzusprechen, die sich aus dem Umfeld entwickelt. Das bedeutet, dadurch, dass man versteht, dass wenn man etwas lernt, man später bessere Möglichkeiten zum Geld verdienen hat. Meine persönliche Meinung ist, dass man beides versuchen sollte anzusprechen und ggf. das persönliche Interesse an einer Sache fördern sollte und zugleich z. B. den monetären Nutzen dabei herausstellt (Individualkompetenz fördern).

Nach diesem Prinzip werden folgende Motivationsmaßnahmen in dieser Ausbildungseinheit angewandt, bei denen Neigungen und Interessen der Auszubildenden bereits berücksichtigt wurden, wie in 1a) dargestellt:

-> Lerngegenstand mit den Bedürfnissen des Auszubildenden dadurch verbinden, dass die Bedeutung für eine erfolgreiche Berufsfähigkeit erklärt wird (den Link aus Primär- und Sekundärmotivation bringen).

-> Zugkraft der Lerngegenstände dadurch erhöhen, dass man sie selber finden lässt (aufgebend-erarbeitende Unterweisungsformwahl).

h) Unterweisungsform

Nachdem nun die Ausbildungsaufgabe herausgearbeitet wurde und auch die weiteren Randbedingungen festgelegt sind, geht es am Ende darum zu entscheiden, welche Lehrmethodik am besten geeignet ist, um die Lernziele optimal zu erreichen und den Lernerfolg zu sichern.

Da es bei der Ausbildungsaufgabe hauptsächlich um das Einüben von Abläufen geht, eignet sich eigentlich die Vier-Stufen-Methode gut, da sie sich am besten für Ausbildungssituationen eignet, bei denen sich psychomotorische Abläufe einüben sollen, wie bei der hier gewählten Ausbildungseinheit.

Dennoch sollen die Auszubildenden gemäß Punkt 1a) zum vollständigen Handeln angeleitet werden, wozu auch selbstständiges Handeln gehört. Dies wird bei der Vier-Stufen-Methode jedoch nicht hinreichend gefördert. Ebenso ist sie wenig handlungsorientiert und fördert kaum Sozial- und Persönlichkeitskompetenz, da es eine darbietende Unterweisungsform ist.

Außerdem wäre diese Methode für Auszubildende aus dem 3. Lehrjahr, die schon einiges an Grundwissen haben und zudem zur Zeit noch recht hoch eigenmotiviert sind, etwas unterfordernd und würde Möglichkeiten verschenken.

Das heißt, zur Erreichung der Ziele aus 1b) in Verbindung mit 1c) die psychomotorisch sind und der Ziele aus 1d), welche Schlüsselqualifikationen darstellen, muss ein Methoden-Mix aus Vier-Stufen-Methode und einer Methode der vollständigen Handlung gewählt werden. Hierfür passt die Leittext-Methode am besten zur gestellten Aufgabe und den anderen Vorgaben.

Wie dieser Methoden-Mix genau aussehen soll, zeigt der Abschnitt 2. „Durchführung der Ausbildungsaufgabe".

i) Sozialform der Unterweisungsform

Um die Sozialkompetenz als Schlüsselqualifikation zu fördern, wird die Ausbildungsaufgabe von den Auszubildenden in Partnerarbeit erarbeitet. Hierbei werden daher nicht nur Arbeitsabläufe eingeübt, sondern auch zwischenmenschliche Verhaltensweisen und ein kooperativer Arbeitsstil. Bei dieser Ausbildungsaufgabe bietet sich insbesondere das gegenseitige Kontrollieren des Verhaltens und der Arbeitsergebnisse an, da sich somit durch das Sehen des Ablaufs bei dem anderen der Vorgang noch ein weiteres Mal einprägt.
Da beide Auszubildenden nacheinander an der Reihe sind, kann sich auch keiner hinter der Leistung des anderen verstecken.

2) Durchführung der Ausbildungsaufgabe

a) Informieren

Zunächst geht es darum, die Leitfrage zu klären: Was soll getan werden? Hierzu wurde den Auszubildenden lediglich mitgeteilt, dass sie einen Wodka-Martini Cocktail gemäß DBU-Standard herstellen sollen. Was dies genau bedeutet und wie und womit man arbeiten muss, wird nicht beantwortet. Die Informationen hierzu sollen sie von der Internetseite der „Deutschen Barkeeper Union" beschaffen, sowie durch weitere Internetrecherchen. Auf dieser Basis sollen sie einen Arbeits- und Arbeitsmittelplan aufstellen, sowie auf Basis des Arbeitsplans einen Kontrollbogen, um bei der praktischen Durchführung eine Bewertungsgrundlage zu haben. Die ersten Ergebnisse sowie Fragen werden zwischendurch dem Ausbilder präsentiert und ggf. angeglichen.

b) Planen

Der Arbeitsplan für das Herstellen eines Wodka-Martini nach DBU-Standard ist standardisiert und wurde von den Auszubildenden auch rasch gefunden und zu einem Arbeits- und Kontrollplan verarbeitet (siehe Anhang).

c) Entscheiden

An dieser Stelle findet ein Gespräch mit dem Ausbilder statt, bei dem die endgültigen Kontrollpunkte, Arbeitsabläufe und Arbeitsmittel festgelegt werden, sowie ein Termin zur Durchführung und Einübung des praktischen Teils der Ausbildungsaufgabe.

d) Ausführen

Da der Ablauf an sich etwas Neues für die Auszubildenden in dieser Form ist, unterstützt der Ausbilder zunächst bei der praktischen Arbeit und macht den Ablauf einmal vor. Die Auszubildenden hatten zwar Zeit, sich die Abläufe theoretisch anzueignen und zu erlesen, aber die psychomotorischen Abläufe sind ihnen noch fremd. Daher wird noch kurz diese Methodik, die eigentlich eine Stufe des Vier-Stufen-Modells darstellt, angewandt. Das Nachmachen findet dann zunächst durch den einen Auszubildenden statt und wird von dem anderen kontrolliert, dann werden die Rollen getauscht. Der Ausbilder hält sich zunächst größtenteils heraus und lässt ggf. Fehler weiterlaufen und kontrolliert hinterher, ob der andere Auszubildende diese auch als Fehler wahrgenommen und im Kontrollbogen verzeichnet hat.

e) Kontrollieren

Die Auszubildenden kontrollieren ihre Arbeit selbstständig anhand der Gesamtpunktzahl der Kontrollbögen, die von dem jeweiligen Kollegen ausgefüllt wurde. Dieser weist den anderen Auszubildenden zunächst direkt nach der Ausführung darauf hin, welche Fehler er begangen hat. Der Ausbilder beobachtet dies auf Richtigkeit und stellt noch einmal Wissenskontrollfragen.

f) Bewerten

Bewertet wird die gesamte Ausbildungseinheit noch einmal anschließend motivierend von dem Ausbilder. Zwar liegen anhand des Kontrollbogens quantitative Ergebnisse vor, aber die Einordnung dieser in ein Gesamtbild der Übung obliegt dem Ausbilder und seiner Erfahrung. Es wird darauf hingewiesen, dass Fehler bei den ersten Ausführungen normal sind und auch eingeplant waren. Daraufhin werden noch Tipps gegeben, was man evtl. beim nächsten Mal besser machen könnte, um Fehler zu vermeiden.

Information über Cocktail (zuvor durch Auszubildende erarbeitet)

Cocktail:	Wodka-Martini
Rezeptur:	4,5 cl Wodka, 1,5 cl Vermouth Dry
Dekoration:	2 Oliven am Picker im Glas
Zubereitung:	gerührt
Gästeglas:	V-Shape
Eis:	Zubereitung – Cubes, Präsentation – ohne

Arbeitsmittelplan
(zuvor durch Auszubildende erarbeitet, von Info über den Cocktail abgeleitet)

Kontrolle auf Vollständigkeit vor Arbeitsbeginn (Mise en place)

Gästeglas, Mixglas, Cocktailserviette, Gummihandschuhe, Ausgießer, Jigger, Strainer, Wodka, Vermouth, Holzpicker, 2 Oliven, Eis

Arbeitsablaufplan/Kontrollbogen
(zuvor durch Auszubildende erarbeitet, aufgestellt)

Cocktailserviette niedergelegt?

Gästeglas aufgestellt?

Mixglas aufgestellt?

Gästeglas und Mixglas vorgekühlt?

Wodka, Vermouth richtig mit Etikett zum Gast aufgestellt?

Deko vorbereitet (Oliven)?

Gummihandschuh dabei angehabt?

Wodka u. Vermouth mit Jigger in richtiger Menge eingegossen?

Gerührt mit Barlöffel?

Mit Strainer eingefüllt?

Präsentiert (Deko zugegeben, vorgestellt am Stiel)?

4.11.1 Hinweise, Kritik und Verbesserungsvorschläge zu Unterweisung

- Die Gliederung kann auf einer eigenen Seite stehen und um Seitenzahlen ergänzt werden, das Deckblatt kann um Informationen wie Datum und Ort der Prüfung, Adresse des Prüflings, Prüflingsnummer etc. ergänzt werden.
- Schachtelsätze wie z. B. unter Punkt 1a) „Um die Auszubildenden anzunähern an das Thema was nach der Prüfung geschieht, denn damit wird sich auch schon erfolglos beschäftigt, wird das Niveau der Aufgabe ganz leicht angehoben auf den Standard der DBU, der Deutschen Barkeeper Union, welche die Weiterbildungen von Restaurantfachleuten zu Barmixern führend vorantreibt" vermeiden.

  Besser:

  „Um die Auszubildenden darauf vorzubereiten, wie es nach der Prüfung weitergehen kann, wird das Niveau der Aufgabe leicht angehoben: Die Aufgabe soll nach dem Standard der Deutschen Barkeeper Union (DBU) durchgeführt werden."
- Auch, wenn der Fokus der Unterweisungseinheit ggf. auf dem psychomotorischen Lernzielbereich liegt, können die angesprochenen Lernzielbereiche unter 1c) dennoch um kognitive und affektive Lernziele erweitert werden.

  Kognitive Lernzielbereiche können in diesem Zusammenhang sein:

  - Die Auszubildenden wissen, in welchen Situationen ein Cocktail direkt am Tisch des Gastes zubereitet wird, z. B. um den Gästen einen gelungenen Einstieg in ein Fünf-Gänge-Menü zu bieten.
  - Die Auszubildenden kennen die einzelnen Bestandteile des Cocktails „Wodka Martini"

  Affektive Lernzielbereiche können in diesem Zusammenhang sein:

  - Die Auszubildenden gehen beim Mixen des Cocktails immer sorgfältig und gemäß Hygienestandards mit den Lebensmitteln um.
  - Die Auszubildenden zeigen Interesse daran, einem Gast einen besonders gelungenen Besuch im eigenen Betrieb bieten zu wollen.
- Die Auswahl der Ausbildungseinheit und der dafür vorgesehenen Methode ist unter 1e) gut erläutert.
- Unter Punkt 1g) sind die Motivationsmaßnahmen sinnvoll dargelegt, jedoch findet sich hier wieder ein Schachtelsatz: „Das bedeutet, dadurch, dass man versteht, dass wenn man etwas lernt, man später bessere Möglichkeiten zum Geld verdienen hat."

  Besser: „Daraus folgt das Verständnis dafür, dass die Verdienstmöglichkeiten sich verbessern, je mehr man lernt."
- Die unter 1h) dargelegte Begründung der Unterweisungsform bzw. des Methodenmix ist gut gelungen, die Erklärung ist schlüssig.

TIPP

Zwei Methoden miteinander zu verbinden ist erlaubt, da in der Praxis viele Unterweisungen auch nicht strikt nach einer Methode durchgeführt werden, sondern all das zur Durchführung herangezogen wird, was nützlich sein und das Verständnis des Auszubildenden für die Unterweisungsinhalte erleichtern kann.

- Die Durchführung der Ausbildungseinheit ist sehr ausführlich und nachvollziehbar geschildert.
- Insgesamt fehlt in dieser schriftlichen Unterweisung noch die Angabe einer etwaigen vorherigen sowie einer möglichen nachfolgenden Unterweisungseinheit.
- Die schriftliche Ausarbeitung sollte außerdem noch um die eidesstattliche Versicherung ergänzt werden.

4.11.2 Fragen, die sich für das Prüfungsgespräch ergeben können

1. Warum haben Sie sich für einen Methoden-Mix entschieden?
2. Hätten sich auch andere Methoden zur Durchführung Ihrer Ausbildungssituation geeignet? Wenn ja, welche? Wenn nein, warum nicht?
3. Um welche Unterweisungsmethode handelt es sich bei der von Ihnen gewählten und was kennzeichnet diese Unterweisungsform?
4. Warum ist die vorherige Adressatenanalyse zu dieser Unterweisung besonders wichtig?
5. Sie beschreiben in Ihrer Unterweisungseinheit die Unterschiede von intrinsischer und extrinsischer Motivation, bitte erläutern Sie uns diese.
6. Nennen Sie uns bitte kognitive und affektive Lernzielbereiche, die anhand Ihrer Unterweisung ebenfalls gefördert werden.
7. Dürfen Ihre Auszubildenden zu jedem Zeitpunkt der Ausbildung bereits mit alkoholischen Zutaten arbeiten?
8. Nehmen wir an, Sie stellen während der Durchführung der Unterweisung fest, dass die Auszubildenden nicht verstehen, was genau sie tun sollen bzw. wie sie die Aufgabe erfüllen sollen. Wie gehen Sie weiter vor?

4.12 Arbeitssicherheit/Umgang und Handhabung von Arbeitsmitteln und Hilfsmitteln (Vier-Stufen-Methode; Fleischer/in)

Unterweisungsentwurf > zweites Ausbildungsjahr > Arbeitssicherheit > Fleischer/Fleischerin

Zuständige Stelle:	IHK
Prüfungsteilnehmer:	Jonas Korte Bürgermeisterweg 7 49733 Haren
Prüfungsort:	IHK Trompetenweg 16 49733 Haren
Ausbildungsberuf:	Fleischer/in
Anzahl der Auszubildenden:	2.
Ausbildungsstand:	1 Halbjahr des 2. Ausbildungsjahres
Dauer der Unterweisung:	ca. 20 Min.
Unterweisungsmethode:	Vier-Stufen-Methode
Unterweisungsthema:	Arbeitssicherheit/Umgang und Handhabung von Arbeitsmitteln und Hilfsmitteln

Hiermit erkläre ich, dass ich diesen Unterweisungsentwurf selbstständig ausgewählt und gestaltet habe.

Haren, den ____________________

Inhaltsverzeichnis

1)Vorbemerkung

a)Ausbildungsbetrieb

Der Ausbildungsbetrieb ist die Fa. Gourmet Fleischwaren GmbH, ein moderner Zerlegebetrieb der in fünf Abteilungen Schinken, Schultern, Sauen und Industrieware zerlegt. Eine hohe Flexibilität innerhalb der Zerlegung sorgt dafür, dass alle Zuschnitte nach Kundenwunsch, bei der entsprechenden Spezifikation, erfüllt werden können.

b)Ausbilder

Der Ausbilder ist Fleischer in der Position Ein-/Verkauf sowie für die Erstellung von Zuschnitten, Kalkulationen und Artikelspezifikationen und deren Durchführung zuständig.

c)Ausbildungsort

Schulungsraum im Betrieb.

d)Ausbildungsmittel/Hilfsmittel

Tageslichtprojektor, mehrere Messer, Wetzstahl, Stechschutz in Form von Handschuh und Schürze.

2) Fachliche Analyse

a)Adressantenanalyse

Die Auszubildenden sind 17 und 18 Jahre alt, haben das Berufbildungsjahr Ernährung und Hauswirtschaft, Schwerpunkt Fleischverarbeitung erfolgreich abgeschlossen.

Sie befinden sich im 1 Halbjahr des 2 Ausbildungsjahres zum Fleischer/Fleischerin in dem unter anderem auch die Sicherheit und der Gesundheitsschutz bei der Arbeit, lt. Ausbildungsrahmenplan § 4 nr. 3, zu vermitteln sind.

b)Didaktische Analyse

In dieser Ausbildungseinheit sollen die Auszubildenden lernen, dass es verschiedene Arten und Formen von Messern gibt, und dass deren Handhabung mit Sorgfalt und Gewissenhaftigkeit geführt werden muss, und dass Nachlässigkeiten schwerwiegende Folgen haben können für den Betrieb als auch für sie selbst.

In der nächsten Ausbildungseinheit im Betrieb wird mit Messern an Teilstücken der Knochen sauber vom Fleisch abgetrennt. Damit wird erzielt, dass die Auszubildenden selbstständig Fleischteile vom Knochen lösen können unter Vorgabe der Sicherheitsrichtlinien im Betrieb.

3)Lernziele nach Detaillierungsgrad

Richtlernziel
Die Auszubildenden sollen über die gesamte Ausbildungszeit über die Grundlagen der Sicherheit und des Gesundheitsschutzes am Arbeitsplatz verfügen.

Groblernziel
Das für die Unterweisung zu vermittelnde Groblernziel bezieht sich auf § 3 Nr. 3a = Gefährdung von Sicherheit und Gesundheit am Arbeitsplatz feststellen und Maßnahmen zu ihrer Vermeidung ergreifen. Und b = berufsbezogene Arbeitsschutz- und Unfallverhütungsvorschriften anwenden.

Feinlernziel
Die Auszubildenden sollen nach der Unterweisung in der Lage sein, selbstständig beurteilen zu können, ob das zu verwendende Arbeitsmaterial den Sicherheitsvorgaben entspricht und wie man es entsprechend handhabt.

3)Lernziele nach Lernbereich

Kognitive Lernziel

Die Auszubildenden sollen wissen, welche Arbeitsmaterialien benötigt werden, um eine sichere Zerlegung von Teilstücken zu gewährleisten.

Psychomotorische Lernziel

Die Auszubildenden sollen erkennen, ob Materialien den Vorschriften entsprechen und wie sie bearbeitet werden müssen, um einen reibungslosen Produktionsablauf gewährleisten zu können.

Affektive Lernziel

Die Auszubildenden sollen wissen, welches Arbeitsmaterial sie in der Hand haben und in welchem Zustand es sich befindet.

Auch sollten Sie wissen, wie die Arbeitsmaterialien behandelt werden und wie diese vor, nach und während der Produktion gelagert werden müssen.

4)Angestrebte Kompetenzen

Handlungskompetenz

Die Auszubildenden erlangen Handlungskompetenz indem Sie beurteilen können, ob Arbeitsmaterialien wie Messer, Wetzstahl und Messerhalter den Vorschriften entsprechen und wie sie diese handhaben müssen.

Fachkompetenz

Den Auszubildenden wird Wissen über Vorschriften zur Arbeitssicherheit vermittelt, die Fachkompetenz wird durch selbstständiges Entscheiden, ob Messer den Vorgaben entsprechen, gefördert.

Sozialkompetenz

Die selbstständige Beurteilung von Arbeitsmaterialien bei sich und Kollegen führt zu Kommunikationsfähigkeit und fördert die Teamfähigkeit während der laufenden Produktion.

Ihr Selbstbewusstsein wird gestärkt durch die Zulassung von freien Entscheidungen zum Erreichen der vorgebenden Ziele.

5)Unterweisungsprinzipien

Anschauung
Die Auszubildenden erhalten Kopien der Folien und Textvorgaben für Ihre Unterlagen, um bei geringster Unsicherheit jederzeit nachschauen und während der Ausbildungseinheit folgen zu können.

Praxisnähe
Durch die tägliche Handhabung mit den Messern und den Zubehörteilen ist Praxisnähe gegeben.

Erfolgssicherung
Durch regelmäßige Kontrolle der zur Verfügung gestellten Arbeitsmaterialien während der normalen täglichen Arbeit und einer kleinen Abfrage nach dieser Ausbildungseinheit.

6) Ablauf der Unterweisung nach der Vier-Stufen-Methode

Vorbereitung und Motivation

Der Ausbilder stellt die benötigten Unterlagen für die Unterweisung zusammen und baut alle erforderlichen Hilfsmittel übersichtlich im Unterweisungsraum auf.

Er begrüßt die Auszubildenden und fragt nach dem Befinden, ob es evtl. Rückfragen zu den letzten Ausbildungstagen gibt, um die Motivation anzusprechen.

Dann wird den Auszubildenden das Richtlernziel vorgestellt und auf die Wichtigkeit der Arbeitssicherheit hingewiesen, um Interesse zu wecken. Ebenso spricht der Ausbilder an, dass in der nächsten Ausbildungseinheit der Umgang mit entsprechenden Messern erfolgt.

Vormachen und Erklären
Der Ausbilder zeigt dem Auszubildenden Folien und erklärt ihm, unter Beobachtung und mit einem angemessenen Tempo, falls Rückfragen sind, die Zusammenhänge vom Werkzeug „Messer“ und anderen Hilfsmitteln zur Arbeitssicherheit im Berufsalltag.
Die Auszubildenden sollten den Unterweisungen folgen können und Gelegenheit haben, sich Notizen zu machen.

Nachmachen und Erklären
Die Auszubildenden sollen Messer anhand ihres Zustandes beurteilen, ob diese den Sicherheitsbestimmungen entsprechen oder wenn nicht, wo ihre Fehler sind und wie damit weiter umgegangen wird.
Der Ausbilder steht den Auszubildenden zur Seite, falls Unsicherheiten und Fragen auftreten.
Während die Auszubildenden die Beurteilung vornehmen, beobachtet der Ausbilder diese und macht sich gegebenenfalls noch Notizen zu den Erklärungen.

Üben und Kontrollieren
Die Auszubildenden gehen nach Abschluss des theoretischen Teils in den Betrieb und sollen ihre Messer und Hilfsmittel überprüfen, bewerten und falls erforderlich den weiteren Verbleib erklären.

Der Ausbilder beobachtet das Handeln und gibt nur in notwendigsten Fällen Hilfestellung. Er gibt nach Beendigung dieser Aufgabe eine Rückmeldung über seine Zufriedenheit, um nochmals die Motivation zu erreichen.

7) Abschluss

Der Ausbilder bedankt sich bei den Auszubildenden für ihre Aufmerksamkeit und weist darauf hin, dass die erworbenen Kenntnisse im Ausbildungsnachweis festzuhalten sind.

Im Anschluss wird der Raum wieder aufgeräumt.

4.12.1 Hinweise, Kritik und Verbesserungsvorschläge

- Das Inhaltsverzeichnis ist zwar übersichtlich gestaltet, eine Zuordnung der Unterpunkte zu einzelnen Kapiteln könnte jedoch noch erfolgen. Außerdem sollte nach Zahlen und Buchstaben als Aufzählungszeichen ein Leerschritt eingefügt werden.
- Es fehlt eine Information darüber, woraus der Anhang besteht. Diese ist nicht zwingend notwendig, rundet die Inhaltsangabe jedoch ab.
- Innerhalb der Unterweisung enthalten die einzelnen Punkte zwischen Aufzählungszeichen und Schrift ebenfalls keinen Leerschritt, dieser sollte eingefügt werden.
- Unter Punkt 2 *Fachliche Analyse* sind zwar einzelne Analysetypen aufgeführt, diese könnten jedoch mit Aufzählungszeichen noch besser dargestellt und leichter gefunden werden.
- Unter Punkt 2 a) lautet der korrekte Fachbegriff „Adressatenanalyse" (nicht: AdressaNtenanalyse)
- Unter Punkt 2 a) *Adressatenanalyse*: Ordnungszahlen werden mit einem Punkt geschrieben, die Abkürzung „Nr." schreibt sich mit großem N. Der Satz lautet daher korrekt: „Sie befinden sich im 1. Halbjahr des 2. Ausbildungsjahres zum Fleischer/Fleischerin, in dem unter anderem auch die Sicherheit und der Gesundheitsschutz bei der Arbeit, lt. Ausbildungsrahmenplan § 4 Nr. 3, zu vermitteln sind."
- Der erste Absatz des Punkt 2 *Didaktische Analyse*, kann in zwei oder drei Sätze aufgeteilt werden. Schachtelsätze sollten vermieden werden.
- Die verschiedenen Lernziele unter Punkt *3 Lernziele nach Detaillierungsgrad* und *Lernziele nach Lernbereichen* sollten ebenfalls mit Aufzählungszeichen (Ziffern, Buchstaben) gekennzeichnet werden. Ebenfalls kommt der Punkt 3 doppelt vor, einmal als *Lernziele nach Detaillierungsgrad*, einmal als *Lernziele nach Lernbereichen*. Diese Unterteilung sollte anders gestaltet werden, z. B. mit Unterpunkten. Es ist ratsam, sich beim Schreiben der Ausarbeitung am zuvor erstellten Inhaltsverzeichnis zu orientieren, damit Fehler vermieden werden können.
- Das Richtlernziel sollte sich konkret auf den Ausbildungsrahmenplan beziehen.
- Unter Punkt 3 *Groblernziel*: Ein Satz beginnt nicht mit „Und". Besser: „Das für die Unterweisung zu vermittelnde Groblernziel bezieht sich auf § 3 Nr. 3a, welches folgenden Inhalt hat: Gefährdung von Sicherheit und Gesundheit am Arbeitsplatz feststellen und Maßnahmen zur Vermeidung ergreifen. Ebenfalls steht das Groblernziel mit § 3 Nr. 3a in Zusammenhang, da dieser Punkt besagt, die Auszubildenden sollen berufsbezogene Arbeitsschutz und Unfallverhütungsvorschriften anwenden."
- Den Lernzielen nach Lernbereichen fehlt jeweils in der Überschrift ein „e", dies ist zu ergänzen bzw. zu korrigieren: Kognitive Lernziel**e**, Psychomotorische Lernziel**e**, Affektive Lernziel**e**. Handelt es sich jeweils nur um ein Ziel, so sollte das jeweilige Adjektiv angepasst werden: Kognitive**s** Lernziel, Psychomotorische**s** Lernziel, Affektive**s** Lernziel. Es empfiehlt sich jedoch die Mehrzahl „Ziele", da oft mehrere Ziele existieren und dementsprechend formuliert werden sollten
- Die unter Punkt 4 aufgeführten Kompetenzen sollten ebenfalls gegliedert werden. Unter dem Punkt *Sozialkompetenz* ist der Bezug des zweiten zum ersten Satz unklar:

Wessen Selbstbewusstsein wird gestärkt? Das der Kollegen? Insgesamt sollte der zweite Satz dieses Abschnitts umformuliert werden, da hier weitere Fehler in Satzbau und Formulierung enthalten sind. Besser: „Das Selbstbewusstsein der Auszubildenden wird durch das Zulassen freier Entscheidungen zum Erreichen der vorgegebenen Ziele gestärkt."

- Die einzelnen Prinzipien unter Punkt 5 sollten entsprechend gegliedert werden.
- Unter dem Punkt *Erfolgssicherung* findet sich kein vollständiger Satz. Besser: „Dem Prinzip der Erfolgssicherung wird durch regelmäßige Kontrolle der zur Verfügung gestellten Arbeitsmaterialien während der normalen täglichen Arbeit und anhand einer kleinen Abfrage nach dieser Ausbildungseinheit entsprochen."
- Die Aufschlüsselung der gewählten Methode unter Punkt 6 ist gut gelungen und angemessen ausführlich. Auch hier ist eine nochmalige Abgrenzung durch Gliederungspunkte sinnvoll.
- Unter dem Punkt *Vormachen und Erklären* findet sich wieder ein Schachtelsatz. Besser: „Der Ausbilder zeigt dem Auszubildenden Folien und erklärt ihm in angemessenem Tempo die Zusammenhänge zwischen dem Werkzeug „Messer" und anderen Hilfsmitteln zur Arbeitssicherheit im Berufsalltag. Während der Ausbilder erklärt, beobachtet er den Auszubildenden und gibt ihm Gelegenheit für Rückfragen."
- Achtung! In dieser schriftlichen Unterweisung ist zwar von der Vier-Stufen-Methode die Rede – es kann jedoch bei der durchgeführten Methodik und der thematischen Erklärung entsprechend leicht in einen Vortrag übergehen. Ein Vortrag kann ebenfalls als Methode zur Unterweisung von Auszubildenden genutzt werden, sie sollte dann jedoch unbedingt als Vortrag dargestellt werden und nicht fälschlicher Weise als eine andere Methode. Überprüfen Sie daher Ihre Methodenwahl noch einmal spezifisch und passen Sie Ihre Ausführungen ggf. an.

4.12.2 Fragen, die sich für das Prüfungsgespräch ergeben können

1. Warum haben Sie sich für die Vier-Stufen-Methode entschieden?
2. Hätten sich auch andere Methoden zur Durchführung Ihrer Ausbildungssituation geeignet? Wenn ja, welche? Wenn nein, warum nicht?
3. Um welche Unterweisungsmethode handelt es sich bei der von Ihnen gewählten und was kennzeichnet diese Unterweisungsform?
4. Sind Sie mit der Durchführung Ihrer Unterweisung zufrieden? Hätten Sie etwas anders machen können/wollen?
5. Hätten Sie Ihre Unterweisung auch mit einer Gruppe Auszubildender durchführen können? Begründung?
6. Sie stellen während der Durchführung Ihrer Ausbildungssituation fest, dass die Auszubildenden nicht konzentriert bei der Sache sind, sondern sich ein kleines „Duell" mit den benutzten Messern liefern. Wie gehen Sie weiter vor?
7. Erläutern Sie bitte den Punkt der Erfolgssicherung Ihrer Unterweisungseinheit.

4.13 Gestaltung eines Jugendbuchschaufensters (Vier-Stufen-Methode; Buchhändler/in)

Ausbildereignungsprüfung am 25. April XXXX

Unterweisungsprobe vor dem Prüfungsausschuss
der Industrie- und Handelskammer Osnabrück – Emsland

Gestaltung eines Jugendbuchschaufensters

Prüfungsteilnehmer/in:	Marita Schmidt
Anschrift:	Senatorstraße 49 49716 Meppen
Ausbildungsberuf:	Buchhändler/-in
Unterweisungsmethode:	Vier-Stufen-Methode
Dauer:	ca. 15 Minuten
Anzahl der Auszubildenden:	2 Auszubildende
Ausbildungsstand:	3. Ausbildungsjahr
Arbeitsmittel:	Jugendbücher, Buchaufsteller Preisschilder, Gummibänder Stift, Tesafilm, Schere, Stecknadel Dekomaterial und Dekostoffe

Erklärung des Prüfungsteilnehmers/der Prüfungsteilnehmerin:

Hiermit versichere ich, dass ich die Ausbildungseinheit im Wesentlichen selbstständig ausgewählt und gestaltet habe.

....

(Ort, Datum Unterschrift des Prüfungsteilnehmers/der Prüfungsteilnehmerin)

1 Einleitung

Diese Ausbildungseinheit wird im Rahmen der praktischen Ausbildereignungsprüfung am 25. April 2007 vor dem Prüfungsausschuss der IHK absolviert.

1.1 Das Thema der Ausbildungseinheit

Die Auszubildenden gestalten das Schaufenster der Buchhandlung mit Jugendbüchern.

1.2 Die Ausgangssituation

Die Auszubildenden befinden sich laut Ausbildungsrahmenplan im 3. Lehrjahr.

1.2.1

Lfd. NR	Teil des Ausbildungsberufsbildes	Zu vermittelnde Fertigkeiten und Kenntnisse
7.1	Kundenbedürfnisse, kundenorientierte Kommunikation, Beratung (§ 3, Nr. 7.1)	a) ... b) Waren und Dienstleistungen des Ausbildungsbetriebes kundenorientiert anbieten c) ... d) ... e) ...
7.3	Sortimentspflege, Präsentation (§ 3, Nr. 7.3)	a) ... b) ... c) Waren verkaufsfördernd präsentieren

Der Ausbildungsrahmenplan der Buchhändler sagt zusätzlich aus, dass die Fertigkeiten und Kenntnisse im Buchhandel unter Berücksichtigung der Schwerpunkte A Sortiment, B Verlag sowie C Antiquariat vermittelt werden sollen.

Schwerpunkt A Sortiment

Lfd. Nr.	Teil des Ausbildungsberufsbildes	Zu vermittelnde Fertigkeiten und Kenntnisse
7	Kundenbedürfnisse, Kundenorientierte Kommunikation, Beratung (§ 3, Nr. 7.1)	a) ... b) ... c) ... d) Verkaufsraum und Schaufenster gestalten, Waren präsentieren e) ... (...)

1.2.2 3. Ausbildungsjahr

In einem Zeitraum von insgesamt drei bis fünf Monaten sind schwerpunktmäßig
a) die Fertigkeiten und Kenntnisse der Berufsbildposition des Schwerpunktes A Sortiment (7. Kundenbedürfnisse, kundenorientierte Kommunikation, Beratung (...)) zu vermitteln.

Für meine Ausbildungseinheit möchte ich vorausschicken: In kleinen Buchhandlungen dekorieren die Auszubildenden schon viel früher. Das hat natürlich damit zu tun, dass jeder jede Arbeit tun muss. Aber eben auch damit, dass Schaufensterdekoration eine Arbeit ist, die man nicht von heute auf morgen erlernen kann. Die Auszubildenden brauchen viele Möglichkeiten zu dekorieren, um sicher zu werden und ihre eigene Kreativität entfalten zu können. Nur so wird ein Schaufenster ein wirkliches Fenster der Buchwelt!

1.3 Die Arbeitsmittel

Normalerweise stehen den Auszubildenden alle Bücher in der Buchhandlung und die komplette Dekorationsabteilung zur Verfügung, wenn sie ein Schaufenster gestalten sollen. Das geht natürlich in dieser Ausbildungseinheit nicht, daher habe ich folgende „mobile" Auswahl festgelegt:

- 2 Stapel Jugendbücher (farblich getrennt, da zwei Azubis dekorieren)
- Buchaufsteller
- Preisschilder
- Gummibänder
- Dekostoffe
- Dekomaterial
- Stift, Tesafilm, Schere, Stecknadeln

2 Lernziele

2.1 Das Richtlernziel

Die Auszubildenden im Buchhandel werden im 3. Lehrjahr gezielt in ihrem Schwerpunkt (hier: A Sortiment) ausgebildet. Im Sortimentsbuchhandel lernen die Auszubildenden nunmehr die gesamtwirtschaftliche Situation kennen, indem sie sich mit dem Themenfeld Absatz nicht mehr nur theoretisch sondern auch in der Praxis auseinandersetzen.

2.2 Das Groblernziel

Die Auszubildenden haben nun lange genug Praxis „am Kunden" gesammelt. Sie lernen im 3. Lehrjahr ganz bewusst, Kundenbedürfnisse einzuschätzen und Waren zu präsentieren, um so die kundenorientierte Kommunikation zu forcieren.

2.3 Das Feinlernziel

Die Auszubildenden können selbstständig ein Jugendbuch-Schaufenster gestalten. Die Ware muss ansprechend und interessant präsentiert werden. Für meinen Laden gilt: Ich muss sehen, dass mein Auszubildender mit Liebe fürs Detail gearbeitet hat. Das Schaufenster muss einen rundum stimmigen Eindruck erwecken. Wenn am ersten Tag gleich einige Kunden aufgrund dieses Schaufensters die Buchhandlung betreten und einkaufen, dann ist alles richtig!

3 Lernbereich

3.1 Der kognitive Lernbereich

Die Auszubildenden können das erlernte Wissen beim nächsten Dekorieren anwenden und das Schaufenster selbstständig kreieren. Sie können sich die Bücher zu dem ausgewählten Schaufensterthema selber auswählen (in dieser Ausbildungseinheit natürlich nicht) und ihre Bandbreite von Ideen und Möglichkeiten ständig erweitern.

3.2 Der affektive Lernbereich

Die Auszubildenden sollen lernen, dass die Dekoration ein wichtiges Instrument der Kundenkommunikation ist. Buchhändler können aufgrund der Buchpreisbindung keine Rabattaktionen o. Ä. starten, um auf sich aufmerksam zu machen (das ist aber auch gut so!) daher muss großer Wert auf die Präsentation der Ware gelegt werden. Die Auszubildenden entwickeln ein Farben- und Formengefühl, haben ihre Augen und Ohren auch in der Freizeit offen für neue Ideen (Stadtbummel in anderen Städten sind viel mehr wert als Einkäufe neuer Dekomaterialien) und sind auf dem Laufenden, was aktuelle Geschehnisse, Trends und Feiertage angeht, um immer wieder neue und zeitnahe Außenwerbung machen zu können.

3.3 Der psychomotorische Lernbereich

Die Auszubildenden sind in der Lage, sich selbstständig Bücher und Dekomaterialien zusammenzusuchen und mit Hilfsmitteln wie Buchaufstellern und kleinen Dekoelementen eine schöne Präsentation zu gestalten.

4 Ausbildungseinheit

Vier-Stufen-Methode (darbietende Unterweisungsform)

1. Stufe: Vorbereiten und motivieren

Der Ausbilder bereitet den Arbeitsplatz vor und legt alle Arbeitsmittel zurecht. Die Auszubildenden werden begrüßt und Thema und Ziel der Ausbildungseinheit werden vom Ausbilder vorgestellt. Der Ausbilder motiviert die Auszubildenden, ein tolles Schaufenster zu gestalten.

2. Stufe: Vormachen und Arbeitsschritte erklären

Der Ausbilder erklärt die einzelnen Schritte und erläutert z. B. die Funktion von Buchaufstellern. Er erklärt die Besonderheiten, z. B. die Pflicht der Preisauszeichnung und Notwendigkeit der Gummibänder. Er betont, dass es keinen Leitfaden zum Dekorieren gibt.

3. Stufe: Nachmachen und Arbeitsschritte erklären lassen

Die Auszubildenden setzen Buchaufsteller zusammen und lernen die Aufstellmöglichkeiten kennen. Sie gehen mit dem Ausbilder noch einmal durch, in welcher Reihenfolge sie vorgehen sollen. Für alle anderen Arbeitsschritte bekommen sie vom Ausbilder freie Hand.

4. Stufe: Selbstständiges Anwenden und Üben

Die Auszubildenden dürfen nun loslegen. Da jede Schaufenstergestaltung auch eine persönliche Inspiration ist, wird das Schaufenster in zwei „Farben" geteilt damit jeder Auszubildende seine Art und Weise anwenden kann. Bei auftretenden Fragen hilft der Ausbilder weiter. Kleine Korrekturen erfolgen im Anschluss.

Auch wenn ein Schaufenster nicht gleich beim ersten Mal stimmig und verkaufsfördernd ist, hat jeder Schaufensterdekorateur seine eigene Art. Daher wird das Ergebnis sicher toll sein und die Auszubildenden werden gelobt.

4.13.1 Hinweise, Kritik und Verbesserungsvorschläge

- Ein Inhaltsverzeichnis oder eine Gliederung sind empfehlenswert und fehlen in dieser schriftlichen Ausarbeitung.
- In Punkt 1.2.2 *3. Ausbildungsjahr* ist der direkte Praxisvergleich gezogen worden, dies ist eine interessante Ergänzung und zeigt Praxisnähe.
- Auch in Punkt 1.3 *Die Arbeitsmittel* findet sich ein Hinweis auf den Unterschied von Praxis und Prüfungssituation. Dies ist sinnvoll, da es auf die eingeschränkten Möglichkeiten in der Prüfungsumgebung hinweist bzw. aussagt, dass in der Praxis mehr (Dekorations-)Möglichkeiten bestehen.
- Die unter Punkt 2 erläuterten Lernziele sind angemessen ausformuliert.
- Durch das fortwährende Herstellen von Praxisbezug durch Vergleiche mit der Prüfungssituation (vgl. Punkt 3.1) sowie das Einbringen der eigenen Meinung (vgl. Punkt 3.2) erhält diese Unterweisung einen persönlichen Touch, welcher durchaus als positiv zu werten ist, denn Unterweisungen dürfen durchaus spannend, interessant oder auch lustig sein – solange sie ihr Ziel, den Auszubildenden den entsprechenden Lehrinhalt beizubringen erfüllen.

TIPP

Bringen Sie Ihre eigene Persönlichkeit und Ihre Ideen mit ein! Auch Prüfer freuen sich, wenn die Ausbildungssituation abwechslungsreich gestaltet sind und sie nicht 20-mal die Unterweisung „Schreiben einer Rechnung" bewerten müssen.

- Ergänzend sollte in dieser Ausbildungssituation noch das Thema der entsprechend vorangegangenen Unterweisung sowie das Thema der folgenden Unterweisungseinheit genannt werden.
- Eine zeitliche Unterteilung sollte in der schriftlichen Unterweisungsprobe ebenfalls enthalten sein.

4.13.2 Fragen, die sich für das Prüfungsgespräch ergeben können

1. Warum haben Sie sich für die Vier-Stufen-Methode entschieden?
2. Hätten sich auch andere Methoden zur Durchführung Ihrer Ausbildungssituation geeignet? Wenn ja, welche? Wenn nein, warum nicht?
3. Um welche Unterweisungsmethode handelt es sich bei der von Ihnen gewählten und was kennzeichnet diese Unterweisungsform?
4. Erläutern Sie bitte das Vorgehen bei der Projektmethode.
5. Wäre diese Unterweisungseinheit auch anhand der Projektmethode umsetzbar gewesen? Gegebenenfalls wie? Begründung?
6. Sie stellen fest, dass Ihre Auszubildenden seit einigen Monaten Ihren Ausbildungsnachweis nicht geführt haben. Auch Ihre heutige Unterweisung wurde nicht eingetragen. Worin kann dies begründet sein und wie tragen Sie dafür Sorge, dass der Ausbildungsnachweis regelmäßig geführt wird?
7. Wieso ist ein ordentlich geführter Ausbildungsnachweis auch für Sie als Ausbilder von Bedeutung?

4.14 Beschnitt für Drucksachen (Lehrgespräch mit Lehrauftrag; Mediengestalter/in)

Ausbildereignungsprüfung

Zuständige Stelle:	IHK
Prüfungsteilnehmer/-in:	Marita Schmidt
Prüflingsnummer:	123456
Datum der praktischen Prüfung:	18.05.XXXX
Ort der praktischen Prüfung:	Meppen
Ausbildungsberuf:	Mediengestalter Digital und Print
Thema der Unterweisung:	Beschnitt für Drucksachen an fiktiven Kundenaufträgen mit der Papierschneidemaschine prüfen.

Eidesstattliche Erklärung:

Hiermit versichere ich, dass ich die berufstypische Ausbildungssituation im Wesentlichen selbstständig formuliert und entworfen habe.

Ort, Datum	Unterschrift

1 Ausgangssituation

1.1 Unternehmen

Die Firma Tolle Ideen GmbH ist ein mittelständisches Unternehmen in Meppen mit ca. 50 Mitarbeitern. Die Firma besteht seit 1985 und ist im Vertrieb von UV-Röhren, Strahlern, Solarien, Solarkosmetik und Hygieneartikeln tätig. Zurzeit sind zwei Auszubildende im kaufmännischen Bereich und ein Auszubildender in der Werbeabteilung beschäftigt.

1.2 Ausbildungsberuf des Auszubildenden

1.2.1 Die Tätigkeit im Überblick

Mediengestalter/-innen Digital und Print entwickeln in Abstimmung mit ihren Kunden Konzepte für die Gestaltung von digitalen oder gedruckten Informationsmitteln und setzen diese um. Sie gestalten und erstellen Medienprodukte.

1.2.2 Die Ausbildung im Überblick

Mediengestalter/-in Digital und Print ist ein anerkannter Ausbildungsberuf nach dem Berufsausbildungsgesetz (BBiG) und der Handwerksordnung (HwO). Die bundesweit geregelte 3-jährige, duale Ausbildung mit Fachrichtung findet in der Regel im Ausbildungsbetrieb und in der Berufsschule statt.

1.2.3 Auszubildender

Der Auszubildende ist 17 Jahre alt und befindet sich im 1. Ausbildungsjahr zum Mediengestalter Digital- und Print und hat den Realschulabschluss erworben. Durch ein zweiwöchiges Betriebspraktikum in unserem Betrieb konnte er schon erste Eindrücke und Kenntnisse im Umgang mit den Programmen Photoshop, InDesign und Illustrator sammeln und auch Kontakte zu den Kollegen im späteren Ausbildungsbetrieb knüpfen.

1.3 Thema der Unterweisung

Den Beschnitt für Drucksachen an fiktiven Kundenaufträgen mit der Papierschneidemaschine prüfen.

1.3.1 Was ist eigentlich Beschnitt?

Die farbigen Flächen im zu druckenden Dokument werden um einige Millimeter über das eigentliche Format hinaus vergrößert (Standard sind 3 mm). So hat der Drucker mehr Fläche, um den Rand sauber zu beschneiden, sodass keine weißen „Blitzer“ zu sehen sind. Beschnitt kompensiert also Maschinentoleranz.

Dauer der Unterweisung: ca. 15 Minuten

2 Lernzielbeschreibung

Das Lernziel beschreibt, über welche Fähigkeiten und Kenntnisse der Auszubildende am Ende der Unterweisung verfügen sollte.

2.1 Richtlernziel
Lfd. Nr. 5 Arbeitsorganisation (§ 4 Abs. 1 Nr. 5)

2.2 Groblernziel
a) Auftragsunterlagen und Vorlagen entsprechend der Auftragsbeschreibung auf Vollständigkeit prüfen.

2.3 Feinlernziel
Nach der Unterweisung hat der Auszubildende die notwendigen Kenntnisse, dass der Beschnitt für Drucksachen extrem wichtig ist und er ist in der Lage, fehlerfrei und selbstständig Kundenaufträge zu prüfen.

Um ein besseres Verständnis zu erlangen und die Wichtigkeit der Überprüfung von Arbeitsunterlagen und Vorlagen zu verstehen, wird der Beschnitt bei Kundenaufträgen mit einer Schneidemaschine praktisch überprüft.

3 Lernbereiche

3.1 Kognitiver Lernbereich
(Wissen und intellektuelle Fähigkeiten)
Der Auszubildende lernt, worauf es bei einer Überprüfung des Beschnitts von Arbeitsunterlagen und Vorlagen ankommt. Dem Auszubildenden wird mit einfachen Mitteln veranschaulicht, warum der Beschnitt bei Drucksachen wichtig ist. Dieser Arbeitsvorgang wird sonst digital geprüft.

3.2 Psychomotorischer Lernbereich
(manuelle Fertigkeiten und Fähigkeiten)
Der Auszubildende lernt mit einer Papierschneidemaschine umzugehen und seine Kenntnisse im Bereich der Sicherheit im Umgang mit Schneidemaschinen werden vertieft.

3.3 Affektiver Lernbereich
(innere Einstellungen, Interessen, Werthaltungen)
Der Auszubildende kann das Gelernte gewissenhaft und selbstständig ausführen. Er erkennt, wie wichtig sauberes und sicheres Arbeiten ist.

4 Angestrebte Kompetenzen

4.1 Schlüsselqualifikationen
Neben dem reinen Fachwissen ist auch die Förderung von individueller und beruflicher Handlungskompetenz notwendig. Der Auszubildende soll durch die Vermittlung von Schlüsselqualifikationen befähigt werden, sich selbstständig Fachwissen zu erschließen, sich situationsbedingt angemessen zu verhalten und eigenständig Probleme und Aufgabenstellungen zu lösen.

4.2 Fachkompetenz

Um die Aufgabenstellung erfolgreich lösen zu können, ist es in erster Linie notwendig, die dafür notwendige Materie zu beherrschen. Diese Fähigkeit wird primär durch eine gute Ausbildung sowie durch Erfahrungen begründet.

Der Auszubildende gewinnt während seiner Ausbildung neue Fähigkeiten und Fertigkeiten hinzu, beziehungsweise er baut bereits bestehende aus. In dieser Ausbildungssituation wird ihm gezeigt, warum der Beschnitt an Arbeits-/Kundenaufträgen wichtig ist, er lernt durch die Anschaulichkeit mit der Papierschneidemaschine, Aufträge selbstständig zu prüfen. Durch das selbstständige Prüfen erhöht sich auch der Lernerfolg.

4.3 Individualkompetenz

Die Individualkompetenz beschreibt Kenntnisse und Fähigkeiten, in denen sich die individuelle Haltung zur Arbeit ausdrückt. Innerhalb der Unterweisung wird dem Auszubildenden die große Bedeutung der Aufgabe bewusst gemacht. Dies fördert neben der Leistungsbereitschaft und dem Engagement des Auszubildenden vor allem die Motivation. Durch sein genaues und sorgsames Prüfen an Arbeits- und Kundenaufträgen hilft er bei der Fehlervermeidung im Betrieb.

Die Sozialkompetenz und die Methodenkompetenz werden in dieser Unterweisung nicht gefördert.

5 Unterweisung

5.1 Unterweisungsmethode

Als Unterweisungsmethode wurde das Lehrgespräch mit Lehrauftrag gewählt.

Das Lehrgespräch dient grundsätzlich der Einführung in ein neues Thema oder in einen neuen Themenkomplex. Es kann aber auch im Fortgang einer Veranstaltung zur Vertiefung einzelner Abschnitte dienen. Durch kurze (theoretische und praktische) Inputs sowie durch Fragen sollen die Lernenden aktiviert werden.

5.2 Begründung der Wahl der Unterweisungsmethode

Das Lehrgespräch wurde gewählt, da der Auszubildende sofort aktiv und in die Erarbeitung des Lernstoffes eingebunden wird. Durch zielgerichtete Fragen wird er zum Mitdenken angeregt und eigene Ideen und Vorkenntnisse können eingebracht werden. Der Lehrauftrag soll als praktische Hilfe die Erreichung des Lernziels unterstützen.

5.3 Vorteile:

- Aktive Teilnahme des Lernenden
- Durch das Gespräch werden Anstöße zum Selbstlernen gegeben
- Hohe Behaltensquote durch Eigenerarbeitung
- Das Lernen und nicht die Belehrung steht im Vordergrund
- Effektiv durch Verbindung von Theorie und Praxis (Lernerfolg und Lehrauftrag)

5.4 Vorbereitungs- und Einstiegsphase

Thema und Ziel des Gespräches müssen klar und verständlich als kommender Lernzuwachs dargestellt werden („Heute lernen Sie ...").

Eine gründliche Vorbereitung des Ausbilders ist wichtig, um alle aufkommenden Fragen beantworten zu können. Weiterhin müssen dem Auszubildenden alle Arbeitsmittel zur Verfügung gestellt werden. Der Ausbilder begrüßt den Auszubildenden freundlich und versucht eine angenehme und lernfördernde Situation zu schaffen. Durch Motivation (z. B. Hilfe bei der Fehlervermeidung im Betrieb) soll er zum Lernen angeregt werden. Anschließend wird das Thema (Beschnitt für Drucksachen prüfen) der Unterweisung genannt. Dadurch wird versucht, das Interesse zu wecken und dem Auszubildenden Sicherheit zu geben. Anschließend wird versucht, seine Vorkenntnisse zu ermitteln. Gleichzeitig ist es das Lernziel für die spätere Erfolgskontrolle.

5.5 Erklärungs- und Erarbeitungsphase

Der Ausbilder führt durch das Gespräch und übergibt zunehmend die Aktivität an den Auszubildenden, der sich das Thema erarbeitet.

Die Erarbeitung der theoretischen Inhalte erfolgt zunächst gemeinsam mit dem Auszubildenden. In dem fragend entwickelten Lehrgespräch werden die wichtigsten Aspekte „Was ist ein Beschnitt?" und „Warum eine Beschnittzugabe?" erarbeitet. Durch Erklärung am praktischen Musterbeispiel erkennt der Auszubildende die Zusammenhänge und kann das erlangte Wissen langfristig speichern.

5.6 Zusammenfassung und Kontrolle

Der Auszubildende fasst das Gehörte und Gesehene zusammen, um Sicherheit im Thema zu gewinnen.

Im Anschluss an das Lehrgespräch fasst der Auszubildende das Erklärte zusammen und führt es anhand der vorgegebenen Informationen selbstständig an einem der Musterbeispiele (Kundenvisitenkarten) aus, um Sicherheit zu gewinnen. Der Ausbilder gibt gegebenenfalls Hilfestellung. Bei eventuell auftretenden Schwierigkeiten kann noch eingegriffen werden.

5.7 Übungsphase/Lernerfolgskontrolle

Der Auszubildende präsentiert dem Ausbilder das Erlernte. Maßnahmen zur weiteren Verankerung werden abgestimmt.

Die Kontrolle besteht darin, dem Auszubildenden vorgegebene Beispiele zu geben und ihn dann selbstständig unter der Beobachtung des Ausbilders arbeiten zu lassen. In dieser Unterweisung werden dem Auszubildenden fiktive Kundenaufträge zur Überprüfung gegeben. Er soll selbstständig den Beschnitt an den Vorlagen beurteilen. Nur im Notfall greift der Ausbilder ein, um das selbstständige Arbeiten anzuregen. Nach der Erreichung des Lernziels wird der Auszubildende gelobt und erhält somit Bestätigung und Anerkennung.

6 Ausbildungsnachweis

Es erfolgt der Hinweis, die Unterweisung und die Inhalte im Ausbildungsnachweis zu dokumentieren. Das Führen des Ausbildungsnachweises ist ein wichtiger Bestandteil der Ausbildung. Es kann der Ausbildungsstand des Auszubildenden nachvollzogen werden. Es ist ein Hilfsmittel für den Ausbildenden, aber auch für den Auszubildenden, zur gegenseitigen Kontrolle.

Letztlich bedankt sich der Ausbilder für die Aufmerksamkeit und Mitarbeit, gibt den Hinweis zur nächsten Unterweisungsaufgabe und beendet die Unterweisung.

4.14.1 Hinweise, Kritik und Verbesserungsvorschläge

- Ein Inhaltsverzeichnis oder eine Gliederung fehlen bei dieser schriftlichen Unterweisung, ein Inhaltsverzeichnis sollte jedoch unbedingt enthalten sein.
- Unter Punkt 1.2.2 *Die Ausbildung im Überblick* wurden zwei Gesetze vermischt. Das (österreichische) Berufsausbildungsgesetz BAG und das (deutsche) Berufsbildungsgesetz BBiG.
- Die Begriffsklärung des „Beschnitts“ bildet eine sinnvolle Ergänzung zur Themenangabe der Unterweisung und erklärt, weshalb das Prüfen des Beschnitts wichtig ist.
- Unter Punkt 4.3 *Individualkompetenz* findet sich ganz am Ende der Hinweis, Sozialkompetenz und Methodenkompetenz würden anhand dieser Unterweisung nicht gefördert. Dies ist so nicht richtig.

  Methodenkompetenzen können in diesem Fall sein:

  - Der Auszubildende lernt die Methode „Lehrgespräch mit Lehrauftrag“ kennen.
  - Der Auszubildende denkt ggf. darüber nach, ob er das Vermittelte auch mit einer anderen, ihm bereits bekannten Methode, hätte lernen können.

  Sozialkompetenzen können in diesem Fall sein:

  - Selbstvertrauen
  - Kritikfähigkeit
- Die Begründung der Wahl der Unterweisungsmethode unter Punkt 5.2 ist gut gelungen, das Herausstellen der Vorteile der gewählten Methode unterstreicht deren sinnvollen Einsatz.
- Die Formulierung sowie Begründung der Inhalte unter Punkt 5 und den dazugehörigen Unterpunkten ist gut gelungen.

4.14.2 Fragen, die sich für das Prüfungsgespräch ergeben können

1. Warum haben Sie sich für ein Lehrgespräch mit Lehrauftrag entschieden?
2. Hätten sich auch andere Methoden zur Durchführung Ihrer Ausbildungssituation geeignet? Wenn ja, welche? Wenn nein, warum nicht?
3. Um welche Unterweisungsmethode handelt es sich bei der von Ihnen gewählten und was kennzeichnet diese Unterweisungsform?
4. Erläutern Sie bitte die Begriffe Methodenkompetenz und Sozialkompetenz und geben Sie entsprechende Kompetenzen an, die anhand Ihrer Unterweisung gefördert werden.
5. Wie viele Auszubildende sollte ein Ausbilder maximal gleichzeitig betreuen, um eine gute Ausbildung noch gewährleisten zu können?
6. Erläutern Sie bitte die Bedeutung der Kenntnis von Sicherheitsvorschriften für den Auszubildenden.

4.15. Errechnung der jährlichen Einspeisevergütung einer Photovoltaikanlage und Antworten auf eine Kundenanfrage (Vier-Stufen-Methode; Bürokaufmann/-frau)

Ausbildereignungsprüfung am 13. Januar XXXX

Unterweisungsprobe

Vor dem Prüfungsausschuss
der Industrie- und Handelskammer

Die Errechnung der jährlichen Einspeisevergütung einer Photovoltaikanlage und Antworten auf eine Kundenanfrage

Prüfling:	Schmidt, Marita
Anschrift:	Senatorstraße 49 49716 Meppen
Ausbildungsberuf:	Bürokauffrau
Grundlage der Ausbildung:	Verordnung über die Berufsausbildung zum Bürokaufmann/zur Bürokauffrau vom 13. Februar 1991 (BGBl. I S. 425)

Hiermit versichere ich, die vorliegende Ausbildungseinheit selbstständig ausgewählt und ausgearbeitet zu haben.

Haren, 23.12.XXXX

Inhaltsverzeichnis

1. Themenwahl

Gegenstand dieser Unterweisung ist, dass die Auszubildende/der Auszubildende einem potenziellen Kunden auf dessen Anfrage selbstständig antworten kann.

Die Erstellung der Berechnungen erfolgt durch Vorgabe benötigter Daten sowie unter Zuhilfenahme einer Einstrahlungskarte und einer Vergütungstabelle.

2. Analyse des Adressaten und der Lernvoraussetzungen

Die Auszubildende/der Auszubildende befindet sich im 1. Ausbildungsjahr (5. - 6. Monat). Die Noten in der Berufsschule sind gut und die innerbetrieblichen Beurteilungen sind gut ausgefallen.

3. Einordnung des Unterweisungsthemas in die Ausbildung

Das Thema dieser Unterweisung ist gemäß § 3 Nr. 2.1 der Verordnung über die Berufsausbildung zum Bürokaufmann/zur Bürokauffrau vom 13.02.1991 in Verbindung mit der Nr. 2.1c des Ausbildungsrahmenplans für die Berufsausbildung zum Bürokaufmann/zur Bürokauffrau zu vermitteln.

Im Vorfeld der Ausbildung ist dem Auszubildenden/der Auszubildenden der Bereich der erneuerbaren Energien näher gebracht worden. Sie/Er empfängt eingehende Kundenanfragen und leitet diese an den zuständigen Mitarbeiter weiter. Im Anschluss hat die Auszubildende/der Auszubildende bereits gelernt, Anschreiben nach DIN-Vorgabe zu adressieren und Positionen zu addieren, sowie die Umsatzsteuer auszuweisen. In dieser Unterweisung soll die Auszubildende/der Auszubildende die jährliche Einspeisevergütung einer angefragten Photovoltaikanlage errechnen und dem Kunden die Anfrage selbstständig beantworten.

In der nächsten Unterweisung werden der Anlagen- und der Verteilervermerk sowie das korrekte Unterzeichnen von Schriftstücken behandelt werden.

4. Fachliche Analyse und Zielangabe

4.1 Lernzielniveau

4.1.1 Richtlernziel

Die Auszubildende/Der Auszubildende soll selbstständig ein Angebot schreiben können.

4.1.2 Groblernziel

Die Auszubildende/Der Auszubildende soll Anfragen entgegennehmen und mit dem Ziel berechnen, dem Kunden eine korrekte Auskunft geben zu können.

4.1.3 Feinlernziele

- Die Auszubildende/der Auszubildende soll den Begriff Einspeisevergütung erläutern können.
- Die Auszubildende/der Auszubildende soll den Begriff Sonnenstunden erläutern können.
- Die Auszubildende/der Auszubildende soll eine Berechnung der Einspeisevergütung für den Zweig Angebotserstellung selbstständig durchführen können.

4.2 Lernzielbereich

4.2.1 Kognitive Lernziele

- Die Auszubildende/der Auszubildende versteht die Bestandteile eines Angebots.
- Die Auszubildende/der Auszubildende kann eine Berechnung durchführen, um die Einspeisevergütung zu ermitteln.
- Die Auszubildende/der Auszubildende findet die für die Berechnung notwendigen Informationen in einer Anfrage.

4.2.2. Affektive Lernziele

- Die Auszubildende/der Auszubildende zeigt große Sorgfalt bei der Errechnung der Einspeisevergütung.
- Die Auszubildende/der Auszubildende ist daran interessiert, dem Kunden eine korrekte Information zu geben.

4.3 Handlungskompetenzen der Unterweisung

4.3.1 Fachkompetenz

Im Anschluss an die Unterweisung soll die Auszubildende/der Auszubildende selbstständig Anfragen verschiedener Interessenten bearbeiten und beantworten können.

4.3.2 Methodenkompetenz

Die Auszubildende/Der Auszubildende muss diese Aufgabe systematisch in Einzelschritten lösen. Hierdurch werden logisches Denken und selbstständiges Arbeiten gefördert.

Diese Kompetenz fordert strukturiertes Handeln und Planen und ist auf sehr viele betriebliche Vorgänge anwendbar.

4.3.3 Sozialkompetenz

Die Auszubildende/Der Auszubildende wird in ihrer/seiner Selbstständigkeit gestärkt, da sie/er mit verschiedenen Bestandteilen von Anfragen und Angeboten arbeiten und diese in Zusammenhang setzen muss.

Die Kommunikationsfähigkeit der Auszubildenden/des Auszubildenden wird gestärkt, da sie/er in Kontakt sowohl mit den Kunden als auch mit den Kollegen treten muss, um alle notwendigen Informationen für die Erfüllung seiner Aufgabe zu erhalten.

4.3.4 Angestrebte Schlüsselqualifikationen

Die Auszubildende/Der Auszubildende wird zu eigenständiger Aktivität angeleitet, da die Aktivität des Ausbilders von Stufe zu Stufe immer weiter abnimmt. Dies fördert selbstgesteuertes Lernen.

Die Ermittlung eines für ein Angebot wichtigen Wertes sowie dem Kunden eigenständig zu antworten, befähigt die Auszubildende/den Auszubildenden, Angebote selbstständig zu erarbeiten und eigenständig in Kundenkontakt zu treten. In diesem Fall ist das Ergebnis (der errechnete Wert) eindeutig, sodass sich die Auszubildende/der Auszubildende in seiner Aufgabe sicher fühlt, was sie/ihn wiederum insgesamt in ihrer/seiner Arbeit positiv bestärkt.

5. Lernerfolgskontrolle

Die Auszubildende/Der Auszubildende führt selbstständig die Bearbeitung einer Anfrage durch. Die Auszubildende/Der Auszubildende ermittelt selbstständig die für ein Angebot benötigten Werte (in diesem Fall Einspeisevergütung und Sonnenstunden) und antwortet dem Kunden eigenständig.

6. Aufbau der Unterweisung

Zeit (in Minuten)	Phase	Ziele und Inhalte	Methode/Unterweisungsform	Medium
2	Vorbereitung	Anknüpfung an die vorangegangene Unterweisungseinheit, Herstellung eines Alltagsbezugs für den Auszubildenden/die Auszubildende	Erklärendes, besprechendes Unterweisungsgespräch	Beispielangebot, Beispielanfrage
5	Vormachen	Für die Berechnung relevante Daten herausstellen, Schema für die Berechnung herleiten, Daten zur Berechnung auswählen und eintragen	Vormachende und besprechende Unterweisungsform	Beispielanfrage, Vorlage Berechnungsschema, Sonnenstundentabelle, Beispielantwort
8	Nachmachen	Selbstständiges Durchführen der Berechnung und des Antwortens	Übende und besprechende Unterweisungsform	2 weitere Anfragen, Berechnungsschema, Sonnenstundentabelle
Nach der Unterweisung	Üben	Verfestigen des Erlernten anhand von Anfragen für unterschiedlich große Photovoltaikanlagen	Aufgebend-erarbeitende Unterweisungsform	Diverse Anfragen, Berechnungsschema, Sonnenstundentabelle

4.15.1 Hinweise, Kritik und Verbesserungsvorschläge

- Die Einbettung der durchzuführenden Unterweisung in den Gesamtzusammenhang der Ausbildung sowie die Angabe der vorherigen und nachfolgenden Unterweisungseinheit unter Punkt 3 ist gut gelungen.
- Das Inhaltsverzeichnis hätte ggf. etwas übersichtlicher gestaltet werden können, z. B. durch Entzerrung der Unterpunkte von Kapitel 4.

4.15.2 Fragen, die sich für das Prüfungsgespräch ergeben können

1. Warum haben Sie sich für die Vier-Stufen-Methode entschieden?
2. Hätten sich auch andere Methoden zur Durchführung Ihrer Ausbildungssituation geeignet? Wenn ja, welche? Wenn nein, warum nicht?
3. Um welche Unterweisungsmethode handelt es sich bei der von Ihnen gewählten und was kennzeichnet diese Unterweisungsform?
4. Sind Sie zufrieden mit der Durchführung Ihrer Unterweisung? Was hätten Sie anders/besser machen können?
5. Ist die von Ihnen dargestellte Berechnung für einen Auszubildenden im ersten Ausbildungsjahr geeignet (oder ggf. zu schwierig)?
6. Erläutern Sie bitte die von Ihnen aufgeführten Feinlernziele dieser Unterweisung und stellen Sie diese in einen Praxiszusammenhang.
7. Unterscheiden Sie bitte kognitive und affektive Lernziele.
8. Sie haben bei den affektiven Lernzielen angegeben, der Auszubildende soll große Sorgfalt bei der Errechnung der Einspeisevergütung zeigen. Erläutern Sie bitte diese Aussage.
9. Sie haben in Ihrer Unterweisung unter Punkt 5. *Lernerfolgskontrolle* angegeben, der Auszubildende bearbeitet letztlich die Anfrage selbstständig und antwortet dem Kunden eigenständig. An welcher Stelle findet hierbei die Lernerfolgskontrolle statt? Wie vermeiden Sie, dass Ihr Auszubildender Ihrem Kunden ein fehlerhaftes Angebot zukommen lässt?
10. Es hat sich herausgestellt, dass Ihr Auszubildender fehlerhafte Angebote an Kunden versendet hat. Wer ist hierfür verantwortlich und wie gehen Sie weiter vor?

5. Die praktische Prüfung

5.1 Im Vorfeld der praktischen Prüfung

Bevor Sie im praktischen Teil der Ausbilderprüfung Ihre Unterweisung durchführen, verfassen Sie diese natürlich erst. In Bezug auf die spätere praktische Prüfung kann die Anfertigung eines kleinen Stichpunkt-Zettels für die benötigten Ausbildungsmittel hilfreich sein. Auf diesem können Sie alle Materialien und Hilfsmittel, die Sie zur Durchführung Ihrer Unterweisung benötigen, notieren und dann gezielt zusammenstellen.

Beispiele

Auf der Liste eines Kaufmanns für Büromanagement könnte stehen:

- zwei Taschenrechner (einen für den Auszubildenden, einen für mich)
- Stifte
- Schreibblock
- Lineal/Geodreieck.

Auf der Liste eines Kochs könnte stehen:

- Rezept in doppelter Ausfertigung
- die benötigten Zutaten
- benötigte Messer/Gabeln/Spieße
- Geschirr zum Anrichten
- Servietten/Küchenrolle
- Küchentücher
- Schüsseln/Schalen
- etc.

TIPP

Suchen Sie sich einen „Probe-Auszubildenden“ in Ihrem Betrieb oder aus dem Bekanntenkreis und führen Sie mit ihm Ihre Ausbildungssituation probehalber durch. Anschließend kann Ihnen der Probe-Auszubildende Rückmeldung geben, was Sie noch hätten anders oder besser erklären können, was unverständlich war etc. Empfehlenswert sind zwei oder drei Durchgänge mit jeweils verschiedenen Personen als Probe-Auszubildenden, da Sie hierdurch nicht nur wertvolles Feedback erhalten, sondern auch Sicherheit in Ihrem Vorgehen gewinnen.

TIPP

Haben Sie einen Plan B?

Medien zur Visualisierung zu nutzen, ist ein sinnvolles Vorhaben. Was aber, wenn der Anschluss Ihres Laptops nicht mit den vorhandenen Anschlüssen kompatibel ist? Wenn der vorhandene Overhead-Projektor oder Beamer nicht funktioniert? Was, wenn das Werkstück versehentlich kaputt geht oder der Laptop einfach nicht anspringt? Legen Sie sich für solche Eventualitäten einen Plan B zurecht.

Erfragen Sie im Vorfeld, welche Medien im Prüfungsraum vorhanden sind. Haben Sie die Möglichkeit, probieren Sie die Medien dort ggf. aus, um sich im Umgang mit den Geräten vor Ort vertraut zu machen und deren Funktionalität zu testen. Prüfen Sie auch die Anschlussmöglichkeiten Ihrer technischen Geräte. Haben Sie z. B. einen Laptop mit HDMI-Anschluss, in dem Prüfungsraum steht Ihnen jedoch nur ein VGA-Anschluss zur Verfügung, können Sie sich für die nicht kompatiblen Anschlüsse bereits im Vorfeld eine Lösung überlegen (z. B. anderen Laptop mit entsprechenden Anschlüssen leihen).

Seien Sie für den Fall gewappnet, dass etwas in der Prüfung plötzlich nicht mehr funktioniert. Sie wollten gern etwas per Beamer an die Wand projizieren, aber der Beamer funktioniert nicht? Bereiten Sie eine Folie für den Overhead-Projektor vor oder drucken Sie genügend Informationsblätter, sodass Sie trotzdem mit Ihrer Unterweisung fortfahren können.

Gehen Sie davon aus, dass Fehler passieren. Sie möchten z. B. in Ihrer Prüfung ein Werkstück bearbeiten lassen, doch dieses ist Ihnen auf dem Weg zur Prüfung zerbrochen oder der Auszubildende zerbricht es in der Prüfung. Alles kein Problem, wenn Sie mehrere dabei haben, mit denen weitergelernt werden kann. (Bleiben Sie in letzterem Fall gelassen, dies kann schließlich auch in der Praxis geschehen.)

Sie haben eine CD mit den für die Prüfung benötigten Daten erstellt? Führen Sie diese auch auf einem USB-Stick mit sich oder umgekehrt!

5.2 Ablauf einer praktischen Prüfung

Die praktische Prüfung verläuft in der Regel recht „entspannt“. Meist werden zwei Räume benötigt: Ein Raum, in dem sich die Prüflinge kurz vor Beginn der Prüfung aufhalten können und auch jene Personen, die sich als „Ihre Auszubildenden“ bereithalten und ein Raum, in dem die praktische Prüfung stattfindet und in dem sich die Prüfer befinden.

Auf welche Weise Sie einen Auszubildenden für die Prüfung zur Verfügung gestellt bekommen, erfragen Sie bei Bedarf bei der zuständigen Kammer, da es hier durchaus unterschiedliche Vorgehenswiesen geben kann. Folgende Varianten sind derzeit bekannt:

- Auszubildende werden durch die zuständige Kammer gestellt, dabei kann es sich um zwei Auszubildende externer Unternehmen handeln, die für diesen Tag freigestellt werden.
- Sie haben die Möglichkeit, ein oder zwei Auszubildende mit in die Prüfung zu nehmen und können sich vorher mit ihnen besprechen.
- Der Auszubildende ist ein Mitprüfling von Ihnen, Sie kennen sich idealerweise aus einem Vorbereitungskurs und können die Ausbildungseinheit im Vorfeld einüben.
- Der Auszubildende kommt aus Ihrem Betrieb (bitte vorher mit der verantwortlichen Prüfungsstelle klären).
- Der Auszubildende ist selbst Mitglied des Prüfungsausschusses.

Der Prüfungsausschuss besteht aus drei bis vier Personen: ein Lehrervertreter, ein Arbeitgebervertreter, ein Arbeitnehmervertreter. Es kann vorkommen, dass eine Person, die ebenfalls in einem Prüfungsausschuss mitwirken möchte, als vierte Person vor Ort ist und den Prüfungen beiwohnt, um Erfahrungen als angehender Prüfer zu sammeln.

Je nachdem, ob Sie Ihren Unterweisungsentwurf auf einen oder zwei Auszubildende ausgerichtet haben, wählen Sie einen oder zwei Auszubildende zur Durchführung Ihrer Ausbildungssituation. Zeitlich etwas eher vor Ort zu sein, hat für Sie den Vorteil, dass Sie sich ggf. bereits mit den Auszubildenden bekanntmachen können.

ACHTUNG

Denken Sie daran, Ihr Mobiltelefon vor der Prüfung auszuschalten!

Zur angesetzten Prüfungszeit werden Sie (und Ihr Auszubildender) von einem Mitglied des Prüfungsausschusses in den Prüfungsraum gebeten. Sie können die Mitglieder des Prüfungsausschusses begrüßen und jedem Mitglied des Prüfungsausschusses ein Exemplar Ihrer Unterweisung aushändigen.

Für eine eventuell anwesende vierte Person kommt es gut an, wenn Sie ein weiteres Exemplar vorbereitet haben.

INFO

Haben Sie – z. B. als Koch oder Fleischer – viele Utensilien dabei, die Sie vorher zurechtlegen müssen, so wird Ihnen eine etwa fünfminütige Vorbereitungszeit gestattet, in der Sie Ihre Utensilien sortieren und zurechtlegen können. Auch hierbei ist es hilfreich, wenn Sie im Vorbereiten des Unterweisungsortes bereits routiniert sind. Üben Sie dies wenn möglich im Vorfeld.

Nun beginnt die praktische Prüfung mit der Durchführung Ihrer Ausbildungssituation. Bei Bedarf können Sie dem Prüfungsausschuss einleitend mitteilen, dass Sie sich mit Ihrem Auszubildenden auf das „Arbeits-Du" geeinigt haben, da dies in Ihrem Betrieb so üblich sei. Sie dürfen Ihren Auszubilden aber auch siezen, diese Entscheidung bleibt Ihnen überlassen.

Jetzt sollten Sie den Auszubildenden mit freundlichen, wertschätzenden Worten begrüßen: „Schön, dass du heute hier bist. Die heutige Unterweisung soll dir zeigen, wie .../Prima, dass du dir die Zeit nimmst. Die heutige Unterweisung ist für dich wichtig, damit ..."

Auch, wenn es im Grunde die Pflicht des Auszubildenden ist, an einer betrieblichen Unterweisung teilzunehmen, sollten Sie sein (pünktliches) Erscheinen wertschätzen und ihm kurz erklären, worum es in der heutigen Unterweisung geht und ggf. welchen Bezug diese zur vorherigen/nächsten Unterweisung hat.

Nach der Begrüßung Ihres Auszubildenden und der einleitenden Erklärung können Sie mit der Durchführung der Unterweisung beginnen. Achten Sie dabei darauf, dass der Auszubildende immer freie Sicht auf das hat, was Sie ihm zeigen und Sie ihm zu keinem Zeitpunkt den Rücken zudrehen. Ihr Blick sollte während der Unterweisung grundsätzlich dem Auszubildenden gelten. Damit die Prüfer ebenfalls gute Sicht haben, positionieren Sie den Auszubildenden gegenüber dem Prüfungsausschuss.

Führen Sie Ihren Auszubildenden in die Aufgabe ein, indem Sie ihm den Gesamtzusammenhang erklären. Nennen Sie den Bezug zum Ausbildungsrahmenplan und geben Sie ein Ziel an, für welches die Unterweisung benötigt wird. Oft sind auch kleinere Tätigkeiten von Auszubildenden im Gesamtzusammenhang sehr wichtig für den Betrieb. Scheuen Sie sich also nicht, die Bedeutung des Themas hervorzuheben, um Ihren Auszubildenden zu motivieren. Geben Sie Beispiele, welche betrieblichen Belange möglicherweise ins Stocken geraten könnten, sollten die Aufgaben nicht gewissenhaft durchgeführt werden.

MERKE

Sicherheit geht vor!

Gerade im gewerblichen Bereich müssen Sicherheitsbestimmungen immer berücksichtigt werden. Sind Schutzhandschuhe, Augenschutz oder Sicherheitsschuhe erforderlich, gehören diese selbstverständlich zu Ihren Arbeitsmaterialien. Weisen Sie Ihren Auszubildenden gleich zu Beginn der Unterweisung auf Gefahren hin. Sollte es aus praktikablen Gründen nicht möglich sein, z. B. während der Prüfung, dem Auszubildenden Sicherheitsschuhwerk zur Verfügung zu stellen, weisen Sie den Prüfungsausschuss darauf hin.

Während der Unterweisung sollte Ihre Sprache dem Auszubildenden gegenüber kooperativ sein, d. h. freundliches und hilfsbereites Auftreten werden von Ihnen erwartet. Unterlaufen dem Auszubildenden Fehler bei der Umsetzung Ihrer Vorgaben, bleiben Sie ruhig und sachlich und überlegen Sie: Wie kann ich ihm helfen, damit es besser klappt? Geben Sie Lernhilfen und gliedern Sie Ihre Unterweisung in nachvollziehbare Schritte. Loben Sie Ihren Auszubildenden, wenn er etwas gut/richtig gemacht hat („Das hat ja super geklappt!“, nicken), das motiviert den Auszubildenden. Lassen Sie Ihren Auszubildenden laut erläutern, was er wie und warum tut – Wiederholung festigt das zu vermittelnde Wissen und Sie selbst können dadurch erkennen, ob er wirklich alles verstanden hat.

TIPP

Stellen Sie Fragen!

Stellen Sie dem Auszubildenden Fragen, um zu überprüfen, ob das Gelernte verstanden wurde. Meiden Sie dabei die Formulierung „Hast du noch Fragen?“ Diese Frage wird meist verneint.

Fragen zum Verständnis könnten lauten: „Warum ist es wichtig, die Anschrift zu prüfen?“ oder „Warum wird die E-Mail-Adresse des Kunden benötigt?“.

Werden Sie vor Beendigung Ihrer Ausbildungssituation von den Prüfern unterbrochen, bleiben Sie ruhig und finden Sie Schlussworte, die Sie an Ihren Auszubildenden richten: „Vielen Dank für deine Konzentration. Denk bitte daran, diese Ausbildungseinheit in dein Berichtsheft/deinen Ausbildungsnachweis zu schreiben.“

Können Sie Ihre Unterweisung wie geplant bis zum Ende durchführen, geben Sie dem Auszubildenden natürlich ebenfalls angemessene Schlussworte mit auf den Weg. Am Ende der Unterweisung sollten Sie dem Auszubildenden noch einmal für seine Zeit danken und ihm den Gesamtzusammenhang bewusst machen: „Das hat ja gut geklappt! Schön, dass du so aufmerksam mitgemacht hast! Die heutige Unterweisung war wichtig, damit du xy lernst. Dieses Wissen benötigen wir aufbauend für die nächste Unterweisung, damit du bald eigenständig xy kannst/darfst.“ Geben Sie Ihrem Auszubildenden die Ausbildungseinheit noch in schriftlicher Form mit. Punkten Sie ggf. mit gut gestalteten Arbeitsblättern, auf denen die Arbeitsschritte erklärt werden und mit denen der Auszubildende das Gelernte vertiefen kann. Anschließend verlässt der Auszubildende den Prüfungsraum und das Prüfungsgespräch beginnt.

INFO

Es kann passieren, dass der Prüfungsausschuss Ihre Durchführung schon vorzeitig abbricht. Lassen Sie sich davon nicht irritieren – ein solcher Abbruch hat keinen nachteiligen Einfluss auf das Prüfungsergebnis. Der Prüfungsausschuss hat sich zu diesem Zeitpunkt bereits ein ausreichendes Bild von Ihren Leistungen verschafft und möchte nun zum Prüfungsgespräch übergehen.

5.3 Bewertung der Ausbildungssituation/Präsentation

Bewertungskriterien für die durchgeführte Ausbildungssituation oder Präsentation der Ausbildungseinheit können sein:

- Auftreten
- Wie führt der Ausbilder in die Ausbildungssituation/Präsentation ein?
- Konzeption der Ausbildungssituation (Struktur, Vollständigkeit, Verständlichkeit, Richtigkeit, etc.)
- Praktische Durchführung bzw. Präsentation der Ausbildungseinheit
- Positionierung des Auszubildenden
- Sprache dem Auszubildenden gegenüber (kooperativ!)
- Gestaltung der Kommunikation zwischen Ausbilder und Auszubildendem sowie zwischen Ausbilder und Prüfungsausschuss (Ausdrucksweise, Verwendung von Fachbegriffen, Nachvollziehbarkeit etc.)
- Gestaltung der Ausgangssituation
- Einsatz von Medien (Welche Medien wurden eingesetzt? War der Einsatz des gewählten Mediums sinnvoll? Wies der Ausbilder einen routinierten Umgang mit dem Medium auf?)
- Einsatz von Lern- und Hilfsmitteln sowie Lernhilfen
- Erläuterung einer Problemstellung und der daraus resultierenden Zielsetzung
- Arbeitsblattgestaltung (Wie nachvollziehbar ist es?)
- Gestaltung von Lernerfolgskontrollen

- Erörterung der Motivation des Auszubildenden
- Methodenwahl und Begründung
- Übereinstimmung der (angegebenen) geplanten Zeit mit der Zeit, die zur Durchführung benötigt wurde
- Wiederholungen des Auszubildenden (Hat er alles verstanden?)
- Lob und Kritik
- Ergebnis (Wird das Ziel erreicht?)
- Kritische Reflexion des Ausbilders (Selbstkontrolle/Beurteilung)

Die Prüfer erhalten von den Kammern Bewertungsbögen, in denen sie die Ergebnisse der Prüfung festhalten können. Die IHK Osnabrück – Emsland – Grafschaft Bentheim gibt den Prüfern derzeit z. B. den folgenden Bewertungsbogen mit an die Hand:

Bewertungsbogen für die praktisch durchzuführende Ausbildungseinheit bzw. Präsentation/Prüfungsgespräch	
1. Präsentation oder Praktische Durchführung der Ausbildungseinheit (max. 60 Punkte)	
1.1 Einführung	
Einstieg	
Zielangabe und Bezug zum Ausbildungsplan	
Motivation	
1.2 Problemlösung	
Beabsichtigte Methode für das Thema geeignet	
Ausbildungsmittel	
Unterweisungsführung (Sprache, Auftreten, Lernhilfen, Lob und Kritik)	
1.3 Vorstellen der Ergebnisse und kritische Reflexion	
Selbstkontrolle	
Beurteilung	
Eventuelle Bewertung durch Ausbilder und Auszubildende	
1.4 Erfolgskontrolle	
Gesamt	
2. Prüfungsgespräch (max. 40 Punkte)	
Gesamt	
Gesamtpunktzahl der praktischen Prüfung:	

Anhand dieses Bewertungsbogens können Sie erkennen, auf welche Punkte ein Prüfungsausschuss bei der Durchführung Ihrer Ausbildungssituation besonders achtet.

5.4 Das Prüfungsgespräch

Die Bewertung des Prüfungsgesprächs, also des mündlichen Teils der praktischen Prüfung, wird mit 40 % gewichtet, wenn Sie sich für die praktische Durchführung einer Ausbildungssituation entscheiden. Haben Sie die Präsentationsform gewählt, so wird das Fachgespräch zum Präsentationsthema mit 50 % gewichtet.

Meist ist der Übergang ins Prüfungsgespräch flüssig und Sie werden zunächst um Ihre Selbsteinschätzung gebeten. Hierbei sollen Sie die Durchführung Ihrer Unterweisung bewerten:

- Ist alles so gelaufen, wie Sie es geplant hatten?
- Hatten Sie Probleme?
- An welcher Stelle und aus welchem Grund?
- Was hätten Sie anders machen können?

Oft wird anschließend die Frage gestellt: „Hätten Sie eine andere Methode wählen können?" Zu dieser Frage sollten Sie sich bereits im Vorfeld Gedanken machen, damit Sie im Prüfungsgespräch begründen können, warum Sie sich für die von Ihnen gewählte Methode entschieden haben.

Der weitere Inhalt des Prüfungsgespräches wird aus Aspekten Ihrer Unterweisung hergeleitet, wobei grundsätzlich sämtliche Handlungsfelder thematisiert werden können.

TIPP

„Einser reden weiter" – d. h. reden Sie!

Erklären Sie, was Sie wie warum getan haben, werten Sie aus, ob Ihre Methode funktioniert hat und haben Sie einen kritischen Blick auf sich selbst!

Aber Vorsicht: Es gilt, sich nicht selbst schlecht zu machen, sondern die Durchführung der eigenen Unterweisung realistisch einzuschätzen und konstruktiv anzugehen. Beispiel: „Nicht so gut gelungen ist mir xy, bei der nächsten Durchführung der Ausbildungssituation mit einem Auszubildenden werde ich xy verändern, damit dieser Punkt verständlicher ist."

Wird nach Kritik gefragt, möchten die Prüfer wissen, ob Sie sich und Ihre Leistung realistisch einschätzen können.

Mögliche Themen im Prüfungsgespräch

Im Prüfungsgespräch werden Fragen gestellt, mit deren Thematik Sie sich bereits während der Vorbereitung auf die Ausbildereignungsprüfung beschäftigt haben. Der Einstieg ins Prüfungsgespräch erfolgt oft durch Fragen, die an die von Ihnen durchgeführte Unterweisung anknüpfen:

- Hätten Sie eine andere Methode wählen können?
- Sie haben nach der xy-Methode ausgebildet, gibt es noch weitere Methoden?
- Wie gestaltet sich Methode xy?
- Was ist eine Adressatenanalyse und was genau müssen Sie dabei tun?
- Stellen Sie einen Bezug zur Ausbildungsordnung her.
- Worauf basiert die Ausbildung?
- Warum haben Sie heute xy ausgebildet?
- Definieren Sie Richtlernziele/Groblernziele/Feinlernziele.
- Wo finden Sie Richtlernziele und Groblernziele?
- Was sind Schlüsselqualifikationen und welche gibt es?
- Erläutern Sie bitte, welche Schlüsselqualifikationen Sie dem Auszubildenden anhand Ihrer Ausbildungssituation vermittelt haben.
- Wie lauten die Prinzipien der Ausbildung?
- Es gibt verschiedene Motivationsarten – nennen Sie diese bitte und erläutern Sie, auf welche Sie als Ausbilder bei Ihrem Auszubildenden Einfluss nehmen können.
- Was bedeutet intrinsische/extrinsische Motivation?
- Wie hätten Sie Ihren Auszubildenden noch mehr motivieren können?
- Erläutern Sie bitte den kooperativen Führungsstil.
- Beschreiben Sie Ihren eigenen Führungsstil.
- Welche Führungsstile kennen Sie? Wie ist das zugehörige Verhalten?
- Welche Aufgaben hat die zuständige Stelle (Kammer)?
- Warum sollte die Einordnung des Unterweisungsthemas in die Ausbildung stattfinden?
- Sie stellen fest, dass Ihr Auszubildender ein halbes Jahr lang versäumt hat, seinen Ausbildungsnachweis zu führen. Nehmen Sie Stellung zu dieser Situation, erläutern Sie Ihr weiteres Vorgehen.
- Was versteht man unter der dualen Ausbildung?
- Stellen Sie dar, dass Berufsschule Ländersache (Kultusministerium) und die Ausbildung im Betrieb bundeseinheitlich geregelt ist.
- Sie haben als Anlage Unterlagen der IHK XY (Lernziele aus Ausbildungsordnung) beigefügt (anderes Bundesland), gelten die hier überhaupt? (Antwort: ja, da bundeseinheitlich)

- Welches sind die Bestandteile eines Ausbildungsvertrags?
- Nennen Sie typische Beurteilungsfehler.
- Was ist zu tun, wenn Sie bestimmte Lerninhalte nicht im Betrieb ausbilden können?
- Der Auszubildende soll Dinge lernen, die nicht Bestandteil der Ausbildungsordnung sind, ist dies möglich?
- Wie lange dauert die Probezeit?
- Welche Gründe sprechen für eine Verkürzung der Ausbildungs- oder Probezeit?
- Welche Gesetze spielen für die Regelung der Ausbildung eine wichtige Rolle?
- Welche Funktionen hat die Ausbildungsordnung?
- Unterscheiden Sie Ausbildungsordnung und Rahmenlehrplan.
- Was versteht man unter der „persönlichen Eignung"?
- Welche Inhalte regelt die Ausbildereignungsverordnung (AEVO)?
- Definieren Sie bitte „Konstruktive Kritik".
- Warum ist es wichtig, im Vorfeld einer zu vermittelnden Ausbildungssituation eine Adressatenanalyse durchzuführen?
- Welche Kompetenzen vermittelt Ihre Ausbildungssituation dem Auszubildenden?
- Welche Kompetenzen sollte eine Unterweisung vermitteln?
- Unterscheiden Sie Fach-, Methoden- und Sozialkompetenz.
- Unterscheiden Sie bitte kognitive, affektive und psychomotorische Lernziele.
- Erläutern Sie den Begriff „Lernziel".
- Erläutern Sie bitte den Begriff „Lernzielniveau".
- Wieso sollten Sie das Lernzielniveau bei Ihrer Ausbildungssituation beachten?
- Erläutern Sie bitte den Begriff „Lernzielbereich".
- Sind Sie mit der Durchführung Ihrer Ausbildungssituation zufrieden?
- Wie beurteilen Sie die Durchführung Ihrer Ausbildungssituation?
- Wie gehen Sie mit negativen Rückmeldungen durch Ihren Auszubildenden zu Ihrer Unterweisung um?
- Welche Pflichten sehen Sie für sich als Ausbilder (gegenüber Ihren Auszubildenden)?
- Welche Lerntypen gibt es?
- Wieso kann es wichtig sein, zu wissen, welcher Lerntyp der eigene Auszubildende ist?
- Stellen Sie einen Bezug zwischen „Adressatenanalyse" und „Lerntyp" her.